六壬神課精義

東海林秀樹
浜田優子
久高悠照
共著

東洋書院

ごあいさつ

東海林　秀樹

皆様いかがお過ごしでしょうか。コロナウイルスにより、沢山の人々が罹患したり、死者も出でいます。それに伴う経済的損失も莫大だと思います。人生は選択の連続です。今私たちを心理的に支配しているのは、個人差や、各国により軽重はあるでしょうが、恐れと分断と私は思うのです。

今私は拙い鑑定業務もやらせていただいていますが、何となく心が疲れている方が多いような気がしてなりません。まあ、派遣を切られたり、店の経営が成り立たなくなったり、家賃やローンの返済、子供の学費の問題等々、悩みを挙げたらきりがありません。これは根拠のない感覚ですが、5分の3は斜陽となり、5分の2は何となく生き残れる感覚です。

さて前置きはこの辺にして、本書の内容とその趣旨です。当初、陰陽道の資料などを調べていたので、土御門……つまり、安倍晴明が書いたと言われている占事略決《せんじりゃくけつ》に準拠して書き進めようと思いました。その後小坂真二先生著『安倍晴明撰　占事略決と陰陽道』を参照にし、現代風なアレンジを考えましたが、占的《せんてき》（占う的《まと》）の偏り、その他の条件によりこれもあきらめました。そこで私が若い時に学んだ故安部泰山先生方式を、いにしえの時代に思いを巡らし、何とか式占風にできればと思いました。

書くにあたっては、神殺星の問題がありました。私は通常、あまり神殺星を活用しないのですが、占事略决はいくつかの神殺星を活用しているので安部泰山先生の著作から引用させて頂きました。あえて式占として、雰囲気だけでも楽しんでください。

共著者として、多くの部分を担当していただいた、西洋や東洋占に精通した浜田優子先生、占例や陰陽道にゆかりのある神仏を解説していただいた、僧侶であり、六壬にも精通した久高悠照先生に感謝します。

２１２２年３月

浜田 優子

六壬神課という占いに出会ったのは十数年前。神田の古書店で手に取った関連書籍の内容が理解できずにさらに数年経過。その後一時的に学ぶ機会がめぐってはきたのですが、仕事の都合などもあってチャンスをものにできず、すっかり六壬神課から遠のいていました。時折、参考文献にもさせていただいている名著『阿部泰山全集』の中の六壬易学を開くのですが、ただ文字の上を目がすべっていくだけで内容の一片も頭に入ってきません。実は、六壬神課だけを学ぼうとしてもなかなかうまくいかないということが当時はまったくわからなかったのです。もちろん、このことについては人それぞれに感じ方が異なるとは思いますが、少なくとも私は、東洋系占いの師匠である東海林秀樹先生のもとで多くの占いを学ぶことで、ようやく、少しずつ六壬神課が理解できるようになったのです。

四柱推命、断易、奇門遁甲、周易、紫微斗数……といった東洋系の占いはもちろんのこと、タロットや西洋占星術などからも意外と考え方のヒントを得られました。どんな占いも「象意」と「特徴」を読み解いていくという点で共通していると思うのですが、この六壬神課もその点ではそれらの占いと全く同じで、しかも比較的「特徴」を捉えやすい占いだと個人的に感じています。

六壬神課では四課三伝という一種の図式の中に、十二天将や十二支、六親星、課体格局、神殺、空亡、丁神等々、吉凶をはじめ事柄の性質や成り行きのイメージを促す要素が多く組み込まれています。これらはすべてそれ自体が示すもの、つまり「象意」が備わっていて、この象意をキーワードと考えるとたくさんのキーワードが四課三伝という図式の中に詰め込まれていることになります。さらに、要素同士が作用し合ったり、関係を結んだり離れたり、強者と弱者が存在したりするので、図式という舞台の上でそれぞれの要素が登場人物としてストーリーを織りなし、そのストーリーを追っていくことで、占的というテーマの結末がわかるのです。簡単に言えば、情報が多いのです。情報が多いゆえに判断に迷うこと場合も少なくありませんが、僅かな情報から正確な答えを見つけ出すよりは楽かもしれません。あくまで個人的な感覚による例え話ですが。

本書は中級レベルの位置づけと考え、六壬神課を使って占うエッセンスをまとめています。初学者の方々には少し難しい部分もあるかもしれませんが、いずれは本書が役に立つことを願っております。

また、東海林秀樹先生、久高悠照先生のご指導に心より感謝を申し上げます。

久高 悠照

今回このような形で、東海林先生より共著での出版のお話をいただき、僭越でありますが六壬の占的と占例について書かせていただきました。私は占術の専門家ではありませんが、六壬神課に関しては十数年学んでおります。

私が六壬を学び始めたのは、20歳の頃に仏道修行の道に入ったことが始まりでした。師僧より行者は加持祈祷と合わせて占術を学び、人々の苦しみや悩み事の相談に応じる手段として、占術が有効であることを教わりました。安心を得るには仏の教えを信じ、実践する事が真の安心を得る道でありますが、まずその入り口として、布教の方便として占術を用い、悩める人達の要請に応えて悩みを解消し、より良い人生の指針として、占術はとても有意義なものであると思います。師僧から占術には様々な種類の術があり、日常に生起する物事の吉凶を占う術もあると聞き、また安倍晴明が用いた占術、六壬についてお聞きしたところ、蔵書の中に六壬関係の書籍があるとのことから、六壬の勉強を始め今日に至ります。

日本で出版された六壬関係の書籍は、ほとんど読んだと思います。そして思ったのは、もっと様々な占例を扱った本はないのだろうかと。そのような思いから今回占例について様々なものを取り上げてみました。中には占ってみる必要もなさそうなものもありますが、これは日常の様々な出来事を占ってみることで、六壬の課式に親しみ、課式を読み解く力をつけるため、私自身が日常行っている勉強の方法です。

六壬を操る術者は、台湾でも減少傾向にあると聞きます。日本でも四柱推命等のメジャーな占いに比べ、修学する人が少ない占術ですが、大変優れた占術であり、日常に起きる様々な事柄を占うことができます。しかし私自身も思うところではありますが、一通りの実践ができるようになるまでに覚えなければならないことが多く、また多くの実践経験を積む必要があり、六壬の面白さを体験する前に挫折してしまう人が多いことが、六壬を操る術者が少ないことの要因ではないかと思っています。六壬に興味を持っていただけるように努力し書かせていただきました。六壬神課の修学者が増え、六壬という術が今後さらに発展していくことを願っています。

最後に今回このような機会を作ってくださった東海林秀樹先生と、私の悪文を根気よく編集してくださった浜田優子先生に感謝の意を表します。

六壬神課精義　目次

第一章　六壬課式の組織と要素

第一節　六壬課式の組織

六壬占（六壬易・六壬神課）で占うには、左のような「課式」というものを組み立てる必要があります。そして、この課式をもとに様々な事柄の吉凶を占います。まずは、この課式について説明したいと思います。

①甲辰年
②乙丑月
③癸酉日
④巳時（2024年1月10日　午前10時）
⑤月将：丑
⑥年命：戊午
⑦行年：壬子
⑧空亡：戌亥

（元首課）

⑨

己	巳	貴人	妻財	日徳
乙	丑	勾陳	官鬼	
癸	酉	太常	父母	

⑪ ⑫

	勾陳	日徳	貴人	日徳	貴人		太常
丑		巳		巳		酉	
巳		酉		酉		癸（丑）	
官鬼		妻財		妻財		父母	

⑬

⑩

［各要素の名称］

①太歳〈占う年〉（16頁参照）

③日干支〈占う日〉（20頁参照）

⑤月将（16頁参照）

⑦行年〈将来巡りくる年の干支〉（26頁参照）

⑨三伝（32頁参照）

②月建〈占う月〉（19頁参照）

④占時〈占う時刻〉（22頁参照）

⑥年命〈生年干支〉（26頁参照）

⑧空亡（21頁参照）

⑩四課（30頁参照）

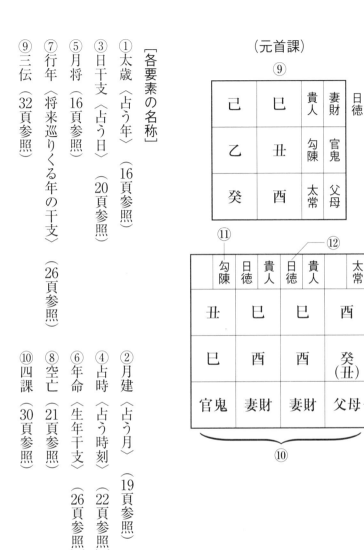

⑪十二天将（35頁参照）　⑫神殺（49頁参照）

⑬六親星（43頁参照）

そして、この課式は「天盤」「地盤」という二つの盤を用いて作成します。これら①〜⑬の各構成要素と天盤・地盤ついては、後で詳しく説明いたします。

図A　天盤

図B　地盤

第二節　基礎知識

陰陽と五行

陰陽説とは、陰と陽という二つの相反するもの同士が作用し合うことで森羅万象が存在しているという概念です。陽は光、生、温暖といったようなものであり、陰は影、死、寒冷といった真逆の性質をもつものとします。これは、太陽と月、その他の自然現象を観察する中で、相対的消長の原理を見出したことに由来すると言われています。

また、五行説とは、自然宇宙一切のものは「木」「火」「土」「金」「水」の五つの要素（五行）に分かれ、それぞれが作用し合ってすべてが存在しているという概念です。そして、この五行と陰陽を組み合わせたものが陰陽五行説です。陽木と陰木、陽火と陰火、陽土と陰土、陽金と陰金、陽水と陰水というように、それぞれの五行にさらに陰陽を配しています。

十干

十干は、空間を表す「甲乙丙丁戊己庚辛壬癸」の10個の記号です。甲から癸までの順序は、もともと1年の日々の空間的様相の変遷を示すものでしたが、後に陰陽五行の考え方が加わり、左図のように十干に属性を割り当てました。

十干	読み方・陰陽五行	
甲	こう・こうぼく	陽木
乙	おつ・おつぼく	陰木
丙	へい・へいか	陽火
丁	てい・ていか	陰火
戊	ぼ・ぼど	陽土
己	き・きど	陰土
庚	こう・こうきん	陽金
辛	しん・しんきん	陰金
壬	じん・じんすい	陽水
癸	き・きすい	陰水

十二支

十二支は時の推移を表す「子丑寅卯辰巳午未申酉戌亥」の12個の記号です。子~亥までの順序は、事物が発生して盛り、そして衰え、消えて、再び発生するという変化を繰り返す様相を示していきます。この記号は12カ月や12刻を表すのに使用されており、そこから記号がどのようなことを表すのか、おのずと把握できると思います。また、十二支にも陰陽五行が配当されています。

十二支	読み方・陰陽五行	
子	ね	陽水
丑	うし	陰土
寅	とら	陽木
卯	う	陰木
辰	たつ	陽土
巳	み	陰火
午	うま	陽火
未	ひつじ	陰土
申	さる	陽金
酉	とり	陰金
戌	いぬ	陽土
亥	い	陰水

太歳

その年の十二支のことです。例えば２０３１年は辛亥年ですので太歳は亥、２０３２年は壬子年で太歳子となります。ただし、１年の始まりは新暦（グレゴリオ暦）の１月１日ではありません。２月４日前後の立春から、その年がスタートます。なお、立春は二十四節気のうちのひとつです。二十四節気と中気に分かれて交互にめぐってくるのですが、「課式」の作成においては中気を主に使用します。これを専門用語で「月将《げっしょう》」と呼んでいます。また、プロの術士の方でもこの二十四節気のことを旧暦と解釈している書籍が見受けられますが、まったくの間違いですから注意してください。

太歳は尊く、何者も侵しがたいものと考えますから、日干上神（第一課の上の十二支）あるいは年命上神（生まれ年を地盤に探したときの天盤の十二支）が吉の十二天将の乗った太歳ならとてもよい兆しで、反対に凶の十二天将が乗った太歳が日干を剋したりすると凶事が発生するなどと判断したりします。

月将

月将の解説の前に二十四節気の解説をいたしましょう。公転によって地球は太陽の周りを1年かけて1周しますが、地球から見ると太陽は星々（星座）の間を通過しているように見えます。この太陽が通過していく道を黄道といいますが、春分点を基準にこれを15度ずつ24等分して、太陽がその各分点を通過していくタイミングのことを二十四節気といいます。二十四節気は、「節（節気）」と「中（気・中気）」の二つのグループに分かれています。

各月のはじめには節があって次が中というように、節と中は交互になっています。

	節	中
2月（寅月）	立春	雨水
3月（卯月）	啓蟄	春分
4月（辰月）	晴明	穀雨
5月（巳月）	立夏	小満
6月（午月）	芒種	夏至
7月（未月）	小暑	大暑
8月（申月）	立秋	処暑
9月（酉月）	白露	秋分
10月（戌月）	寒露	霜降
11月（亥月）	立冬	小雪
12月（子月）	大雪	冬至
1月（丑月）	小寒	大寒

ここでは中を便宜上中気と呼ぶことにしますが、六壬占では中気から次の中気の手前までを「月将」の算出区分とします。月将は十二支で示されます。おおむね次のように覚えていただければよいでしょう。

期間（中~中に至るまで）		月将
雨水~春分に至るまで	2月（寅月）19日頃~3月19日頃まで	亥
春分~穀雨に至るまで	3月（卯月）20日頃~4月19日頃まで	戌
穀雨~小満に至るまで	4月（辰月）20日頃~5月20日頃まで	酉
小満~夏至に至るまで	5月（巳月）21日頃~6月20日頃まで	申
夏至~大暑に至るまで	6月（午月）21日頃~7月22日頃まで	未
大暑~処暑に至るまで	7月（未月）23日頃~8月22日頃まで	午
処暑~秋分に至るまで	8月（申月）23日頃~9月22日頃まで	巳
秋分~霜降に至るまで	9月（酉月）23日頃~10月22日頃まで	辰
霜降~小雪に至るまで	10月（戌月）23日頃~11月21日頃まで	卯
小雪~冬至に至るまで	11月（亥月）22日頃~12月21日頃まで	寅
冬至~大寒に至るまで	12月（子月）22日頃~1月20日頃まで	丑
大寒~雨水に至るまで	1月（丑月）21日頃~2月18日頃まで	子

月将の十二支はその月の十二支と支合する関係になっています（支合については54頁参照）。また、この月将の十二支を神将とした古名を挙げておきます。

子—神后	丑—大吉	寅—功曹	卯—太衝	辰—天罡	巳—太乙
午—勝光	未—小吉	申—伝送	酉—従魁	戌—河魁	亥—登明

月建

月建とは、一般的にはその月の十二支による名称のことをいいます。1年の12カか月にはそれぞれ十二支が配当されており、各月は節から次の節の手前までを1カ月としています。つまり、各月は節に入ることで切り替わるわけですが（節入り）、節はおおむね各月の3日~9日頃となっています。

1月—丑月	2月—寅月	3月—卯月	4月—辰月	5月—巳月	6月—午月
7月—未月	8月—申月	9月—酉月	10月—戌月	11月—亥月	12月—子月

日干支

課式を組み立てる上では、占う日の干支が必要です。十干×十二支の組み合わせではありますが、陽干と陽支、陰干と陰支同士でしか組まないので、全部で60通りです。日干支は万年暦から調べます。

六十干支表

	甲子	甲戌	甲申	甲午	甲辰	甲寅
	乙丑	乙亥	乙酉	乙未	乙巳	乙卯
	丙寅	丙子	丙戌	丙申	丙午	丙辰
	丁卯	丁丑	丁亥	丁酉	丁未	丁巳
	戊辰	戊寅	戊子	戊戌	戊申	戊午
	己巳	己卯	己丑	己亥	己酉	己未
	庚午	庚辰	庚寅	庚子	庚戌	庚申
	辛未	辛巳	辛卯	辛丑	辛亥	辛酉
	壬申	壬午	壬辰	壬寅	壬子	壬戌
	癸酉	癸未	癸巳	癸卯	癸丑	癸亥
空亡	**戌亥**	**申酉**	**午未**	**辰巳**	**寅卯**	**子丑**

空亡

六十干支表の通り、十干と十二支を組み合わせると、10と12で二支がはみ出してしまいます。このはみ出した十二支を空亡といいます。空亡とは実がない、真がない、つまりは虚ということを表し、課式中に空亡あれば吉を凶に変化させたり、反対に凶を吉に変化させたりします。また、力量の不足、挫折や頓挫、場合によっては事象の変化などを表したりもします。しかし、実際のところ空亡を採用するかどうか、または重要とする程度は六壬占を操る人によって違うようです。

わが国においては周易が盛んで、断易（五行易）は大いに活用されている卜占法で、その日に占う日の干支から見て空亡になっているかどうかが重要な判断要素になるのですが、一方、数少ない六壬占の書籍の中で空亡について論じているのは、阿部泰山先生やそのお弟子や孫弟子の方々の書籍や資料くらいです。しかし、やはり六壬占においては空亡の作用は無視できないものだと思います。空亡の判断については、第三章以降の判断編で説明いたします。

占時

占時とは、占いを行う時刻のことです。時刻は左表のように十二支で表され、一支に2時間（一刻）が配当されています。十二支×2時間（一刻）＝24時間（十二刻）です。この六壬占では、先に解説した月将の十二支と占う時刻の十二支が非常に重要です。

子時	23時～翌01時に至るまで
丑時	01時～ 03時に至るまで
寅時	03時～ 05時に至るまで
卯時	05時～ 07時に至るまで
辰時	07時～ 09時に至るまで
巳時	09時～ 11時に至るまで
午時	11時～ 13時に至るまで
未時	13時～ 15時に至るまで
申時	15時～ 17時に至るまで
酉時	17時～ 19時に至るまで
戌時	19時～ 21時に至るまで
亥時	21時～ 23時に至るまで

占時は、地方時差を考慮する必要があります。地方時差とは、兵庫県明石市を標準時とした場合の日本国内における時差のことです。次の図を見てください。

西より東の方が先に太陽が上がりますから、東に進むにつれて時刻も進んでいきます。例えば、東京23区は明石市より19分進んでいますから、東京で23時ちょうどだとしても、実際には23時19分になります。反対に、西に進むにつれて時刻は遅くなります。例えば、鹿児島は明石市より西にあって18分遅れていますから、鹿児島で23時であっても実際には22時42分ということになります。特に、六壬占では23時（子の刻）で日付が変わりますから注意してください。

■占時以外での課式の立て方

通常は、占いを依頼される、もしくは占いを行う時刻を占時として課式を作成しますが、現代においても占時にはさまざまな導き出し方がありますのでご紹介いたします。これは、同じ時間に複数の占いを行うときなどに使用できます。

①占いを行う実際の時刻の十二支を占時の十二支とします。これが基本です。例えば、午後3時に占いを行うなら、占時の十二支は申になります。

②霊竹、つまり適当な長さの竹を12本用意し、それぞれに子から亥までの十二支を書き記し、竹の筒に入れます。鑑定依頼者、または占う当人が1本を引き、その引いた竹に書かれている十二支を占時とします。

③十二面サイコロを使用します。１の目を子、２を丑……12を亥というように、順に十二支を数字に配当します。そして、サイコロを振り、出た目の数字の十二支を占時とします。

■同じ時間に複数を占う場合

この方法の考案者や方法の根拠については不明ですが、同じ時間（一刻内。２時間単位）に複数の人を占う場合に活用する方法です。

①占う人の数だけ時刻の十二支を意図的にずらしていくという方法があります。具体的には、占時が陽干支なら通常の順に、陰干支なら逆の順にずらしていきます。例えば、占時が丙午の刻なら陽干支なので最初に占う人の占時を午とし、次に占う人は未、その次の人は申……というようにしていきます。占時が丑なら陰干支になるので最初に占う人の占時を丑とし、次の人は子、その次の人は亥……というようにしていきます。

②①と同じように占う人の数だけ十二支をずらしていくのですが、占時が陽干支なら四位順向（占時の十二支から順に四つ数える）、陰干支なら六位逆向（占時の十二支から逆に六つ数える）させます。例えば、占時が子なら子から四つ巡行させ、子↓丑↓寅↓卯と数えて「卯」とし、占時が丑なら丑から六つ逆行させ、丑↓子↓亥↓戌↓酉↓申と数えて「申」とします。

年命と行年

年命とは「本命」のことで、本命とは占う対象者の生まれた年の十二支のことです。例えば、甲子年生まれの人の本命は子となります。

「行年」は、各年齢において巡りくる十二支のことです。男女で年齢ごとに巡ってくる十二支は異なっていて、さらにこの行年の起こし方については諸説あります。本書では28頁の行年のように男性は数え年の1歳を寅（丙寅）から起こして卯（丁卯）……と順に、女性は数え年の1歳を申（壬申）から起こして未（辛未）……と逆の順に巡る方法を採用しています。

本命と行年の十二支が課式の中の各要素とどのような関係性になっているかを見て、占う対象の各個人特有の運勢の吉凶を知ります。

例えば、年命が占う日の日干を剋したら凶と判断したり、逆に日干が本命を剋すのは悪くないと判断したりします。また、占う対象者の年命または行年と同じ十二支を地盤に探し、そこと同じ位置の天盤に吉神や吉星、凶神や凶星が乗っているか、日干との関係はどうかでも吉凶が分かります。戊年生まれで数え年31歳男性を占うなら、年命は「戊」、行年は28頁の表から「丙申」となります。地盤に本命の「戌」を探すと、同じ位置の天盤の十二支は「午」です。そこには吉神の「貴人」がいたとすると吉と判断したりするのです。基本的に、本命の場合は占うテーマ（占的）におけるその人の状態や持ちうる条件などを表し、行年の場合はその年の運（後天運）を表します。

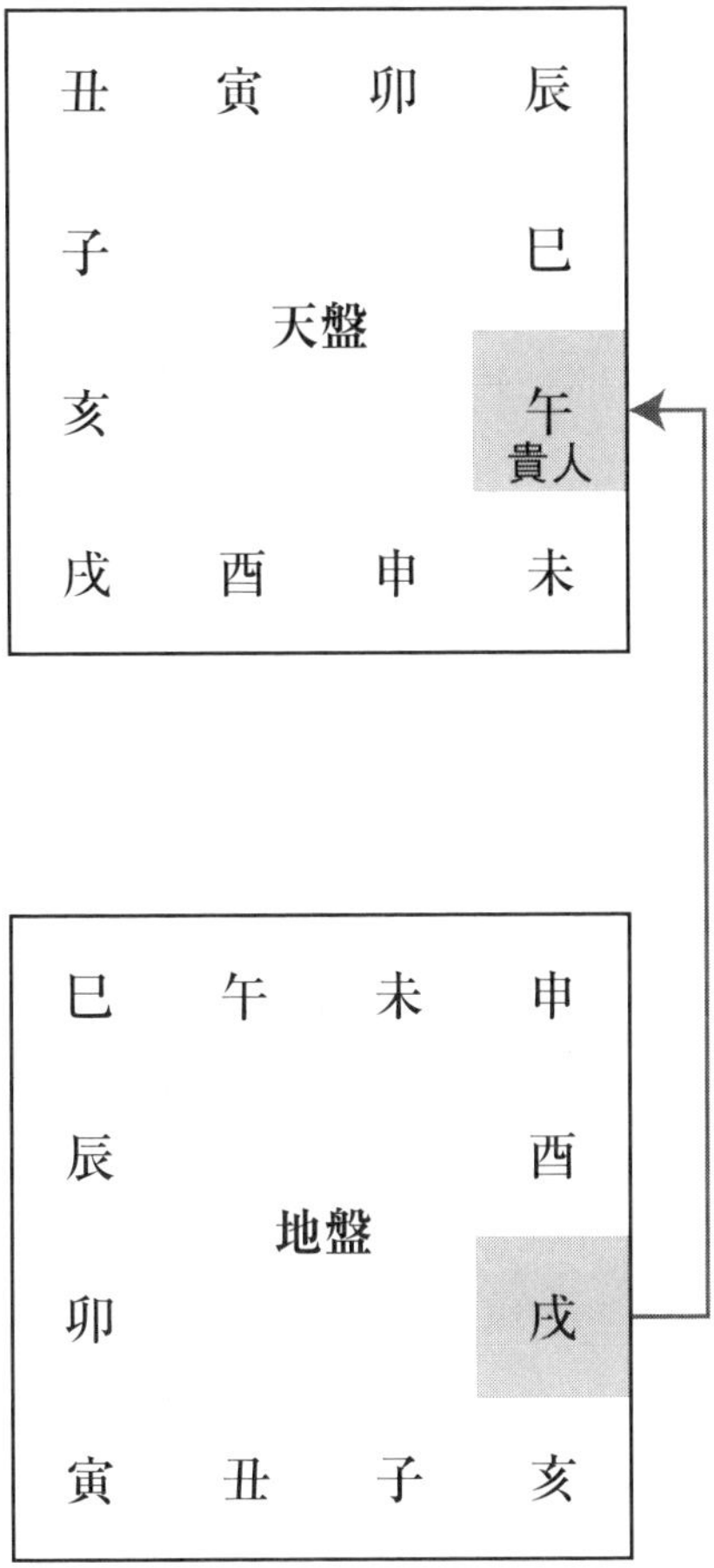

男命行年表

年齢	干支	年齢	干支	年齢	干支
1歳	丙寅	21歳	丙戌	41歳	丙午
2歳	丁卯	22歳	丁亥	42歳	丁未
3歳	戊辰	23歳	戊子	43歳	戊申
4歳	己巳	24歳	己丑	44歳	己酉
5歳	庚午	25歳	庚寅	45歳	庚戌
6歳	辛未	26歳	辛卯	46歳	辛亥
7歳	壬申	27歳	壬辰	47歳	壬子
8歳	癸酉	28歳	癸巳	48歳	癸丑
9歳	甲戌	29歳	甲午	49歳	甲寅
10歳	乙亥	30歳	乙未	50歳	乙卯
11歳	丙子	31歳	丙申	51歳	丙辰
12歳	丁丑	32歳	丁酉	52歳	丁巳
13歳	戊寅	33歳	戊戌	53歳	戊午
14歳	己卯	34歳	己亥	54歳	己未
15歳	庚辰	35歳	庚子	55歳	庚申
16歳	辛巳	36歳	辛丑	56歳	辛酉
17歳	壬午	37歳	壬寅	57歳	壬戌
18歳	癸未	38歳	癸丑	58歳	癸亥
19歳	甲申	39歳	甲辰	59歳	甲子
20歳	乙酉	40歳	乙巳	60歳	乙丑

女命行年表

年齢	干支	年齢	干支	年齢	干支
1歳	壬申	21歳	壬子	41歳	壬辰
2歳	辛未	22歳	辛亥	42歳	辛卯
3歳	庚午	23歳	庚戌	43歳	庚寅
4歳	己巳	24歳	己酉	44歳	己丑
5歳	戊辰	25歳	戊申	45歳	戊子
6歳	丁卯	26歳	丁未	46歳	丁亥
7歳	丙寅	27歳	丙午	47歳	丙戌
8歳	乙丑	28歳	乙巳	48歳	乙酉
9歳	甲子	29歳	甲辰	49歳	甲申
10歳	癸亥	30歳	癸卯	50歳	癸未
11歳	壬戌	31歳	壬寅	51歳	壬午
12歳	辛酉	32歳	辛丑	52歳	辛巳
13歳	庚申	33歳	庚子	53歳	庚辰
14歳	己未	34歳	己亥	54歳	己卯
15歳	戊午	35歳	戊戌	55歳	戊寅
16歳	丁巳	36歳	丁酉	56歳	丁丑
17歳	丙辰	37歳	丙申	57歳	丙子
18歳	乙卯	38歳	乙未	58歳	乙亥
19歳	甲寅	39歳	甲午	59歳	甲戌
20歳	癸丑	40歳	癸巳	60歳	癸酉

天地盤

地盤とは12頁図Bのようなもので、子〜亥の各十二支の定位置を示しています。定位置ですから、それぞれのポジションは不動です。地は静で不動ゆえ、地盤と呼びます。

天盤とは12頁図Aのようなものです。占時の十二支を地盤に探し、その同位置に月将の十二支を置き、そこを基軸として他の十二支を配して完成させます。例えば、占う日時がある年の8月3日20時だとすると、月将は午、戌時です。地盤に占時の十二支の戌を探すと★の位置。そこへ月将の午を重

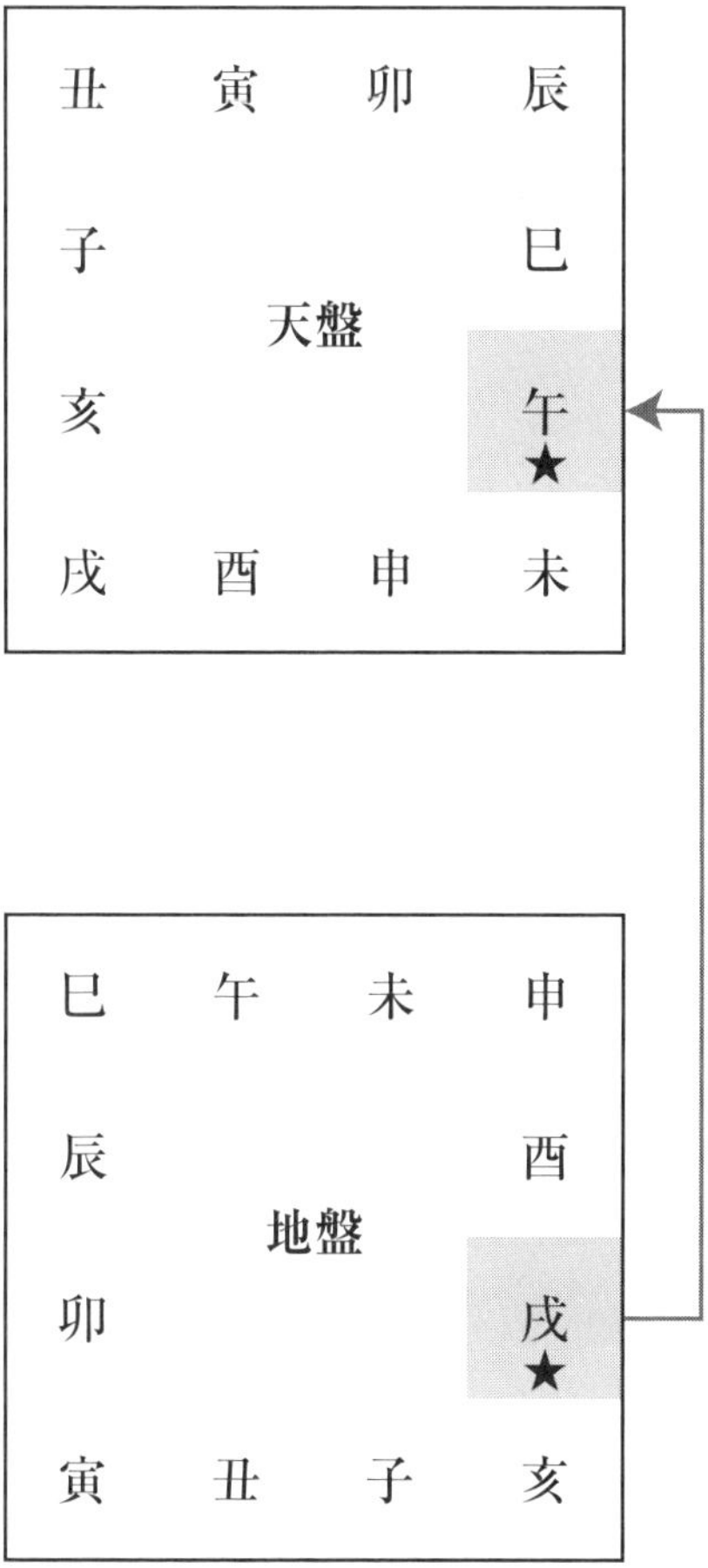

ねて順に十二支を配置したものが天盤になります。天盤の十二支のポジションは、占時と月将の関係により変化します。天は動にして変化して止まらないので、天盤と呼びます。

四課

四課は次に説明する三伝とともに、六壬占の判断に非常に重要な要素で、占う日の干支をもとに天地盤を使って算出します。算出方法は、第二章で詳しく説明いたしますが、日干を第一課に、日支を

	支上神		干上神
丑	巳	巳	酉
巳	酉	酉	癸(丑)
	日支		日干
↑四課	↑三課	↑二課	↑一課

干上神
本人、占い依頼者

支上神
相手、場所、彼我の関係のすべての占的としての意味合いがあります。

第三課に配置します。

そして、日干の上に配置する十二支を干上神、日支の上に配置するものを支上神と呼びます。この四課と次に出てくる三伝の各十二支や他の要素との関係から吉凶を判断し、事象を推測します。

■寄宮《よぐう》について

四課は「寄宮」を使って算出します。四課の中で日干の傍に（　）で示した干が寄宮で、次の表のとおり、占う日の日干から導き出します。11頁「四課」の図では、日干が癸ですから、寄宮は丑になります。

寄宮表

日干	寄宮
甲	寅
乙	辰
丙	巳
丁	未
戊	巳
己	未
庚	申
辛	戌
壬	亥
癸	丑

三伝

三伝は四課と同様に占断に非常に重要な要素で、事象の展開過程や応期を示します。四課をもとにして算出しますが、その方法については第二章で詳しく説明いたします。

三伝は上から「初伝」「中伝」「末伝」となっていて、占う事柄の時間的流れや過程を示し、初伝は物事のきっかけや始まり、中伝はその過程、末伝は帰着点となっています。また、初伝～末伝の流れの中で特徴的な出来事がいつ発生するかという応期（応気とも呼ばれています）も示します。さらに、この三伝は吉凶の判断にも大きな影響を与えます。

三伝は主に第一～第四課の天地盤（上段・下段）の十二支の五行関係（相剋の有無など）により、次の九つの方法で基本的な形（課式）に分類されます。これを九宗法または九法式などと呼びます。

また、それぞれの課式には吉凶や判断の鍵になる意味合いが設定されており、それについても後で解説をいたします。しかし、本書では三伝課式による判断は幹としてではなく、枝葉であるという立場をとります。定義上の基本的な法則であると考えてください。

■九宗法

①賊剋法で得られる課式…元首課、重審課
②比用法で得られる課式…知一課、比用課
③渉害法で得られる課式…渉害課
④遙剋法で得られる課式…遥剋課
⑤昴星法で得られる課式…昴星課
⑥別責法で得られる課式…別責課
⑦八専法で得られる課式…八専課
⑧伏吟法で得られる課式…伏吟課
⑨返吟法で得られる課式…返吟課

※課式の累計は流派により違いがあります

干上	酉
巳	
丑	
酉	
首元	

　なお、九宗法による三伝の算出は大変難解であるため、本書では「三伝表」を巻末に添付しておきます。これにより、占う日の日干支と、第一課の干上神の組み合わせから即座に導き出せるようになっています。11頁の図の⑨を見てみましょう。占う日は癸

酉日です。巻末「三伝表」から癸酉日を探します。干上神は「酉」（30頁の図を参考）ですので、該当する箇所から三伝―元首課とわかります。

■遁干について

遁干とは、四課や三伝に十干を付することですが、本書では主に三伝に配します。

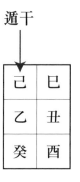

遁干

己	巳
乙	丑
癸	酉

まず、巻末199頁の「六十干支・空亡表」の中から、占う日の日干支を探します。表の「甲〜癸」までの各行をひとつの柱とすると、日干支と同柱の中から三伝と同じ十二支に付されている干が遁干になります。例えば、占う日の日干支が癸酉日とすると、癸酉は六十干支・空亡表で一番右の柱の中にあります。同じ柱内で三伝と同じ十二支を探すと、「己巳」「乙丑」「癸酉」とそれぞれの支とセットになっている干が遁干となります。

遁干は四課や年命上においては特殊な意味を有したりしますが、三伝においては主に日干との関係をみたり応期を判断したりするのに使います。

甲子	甲戌	
乙丑	乙亥	←
丙寅	丙子	
丁卯	丁丑	
戊辰	戊寅	
己巳	己卯	←
庚午	庚辰	
辛未	辛巳	
壬申	壬午	
癸酉	癸未	←
戌亥	**申酉**	

十二天将

十二天将は天盤をもとに四課三伝に配されるもので、占断に欠かせない要素の一つです。貴人を主とした十二の将は次の表のとおりです。この十二天将星と四課三伝のそれぞれの十二支関係は特に重要です。

①	貴人	陰土
②	騰蛇	陰火
③	朱雀	陽火
④	六合	陰木
⑤	勾陳	陽土
⑥	青龍	陽木
⑦	天空	陽土
⑧	白虎	陽金
⑨	太常	陰土
⑩	玄武	陰水
⑪	太陰	陰金
⑫	天后	陽水

十二天将の算出は貴人が配される十二支を定めることから始めます。そのためには占う日の日干と占う時刻の時支が必要です。また、貴人は占う時間帯によって昼貴人と夜貴人に区別されます。このときの昼の時間帯は卯時～申時、夜は酉時～寅時となっています。

酉～寅時：夜

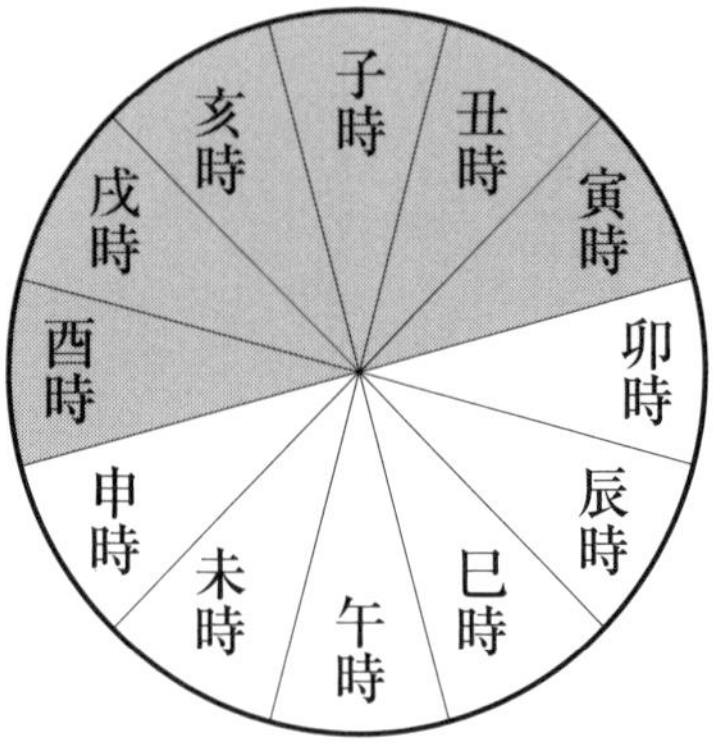

卯～申時：昼

昼・夜貴人表

日干	夜貴人	昼貴人
甲	丑	未
乙	子	申
丙	亥	酉
丁	酉	亥
戊	未	丑
己	申	子
庚	未	丑
辛	午	寅
壬	巳	卯
癸	卯	巳

例えば、占う日が癸酉日、占う時刻が卯～申時の間だとしましょう。昼の時間帯です。右の「昼・夜貴人表」から日干：癸と占時：昼貴人の組み合わせに該当する箇所の十二支は「巳」だとわかります。このときの貴人は昼貴人で巳に付くということで、「貴人が巳に乗る」と表現します。繰り返しになりますが、十二天将は天盤の「巳」の位置に貴人が配置されるということです。図で説明しまし

ょう。

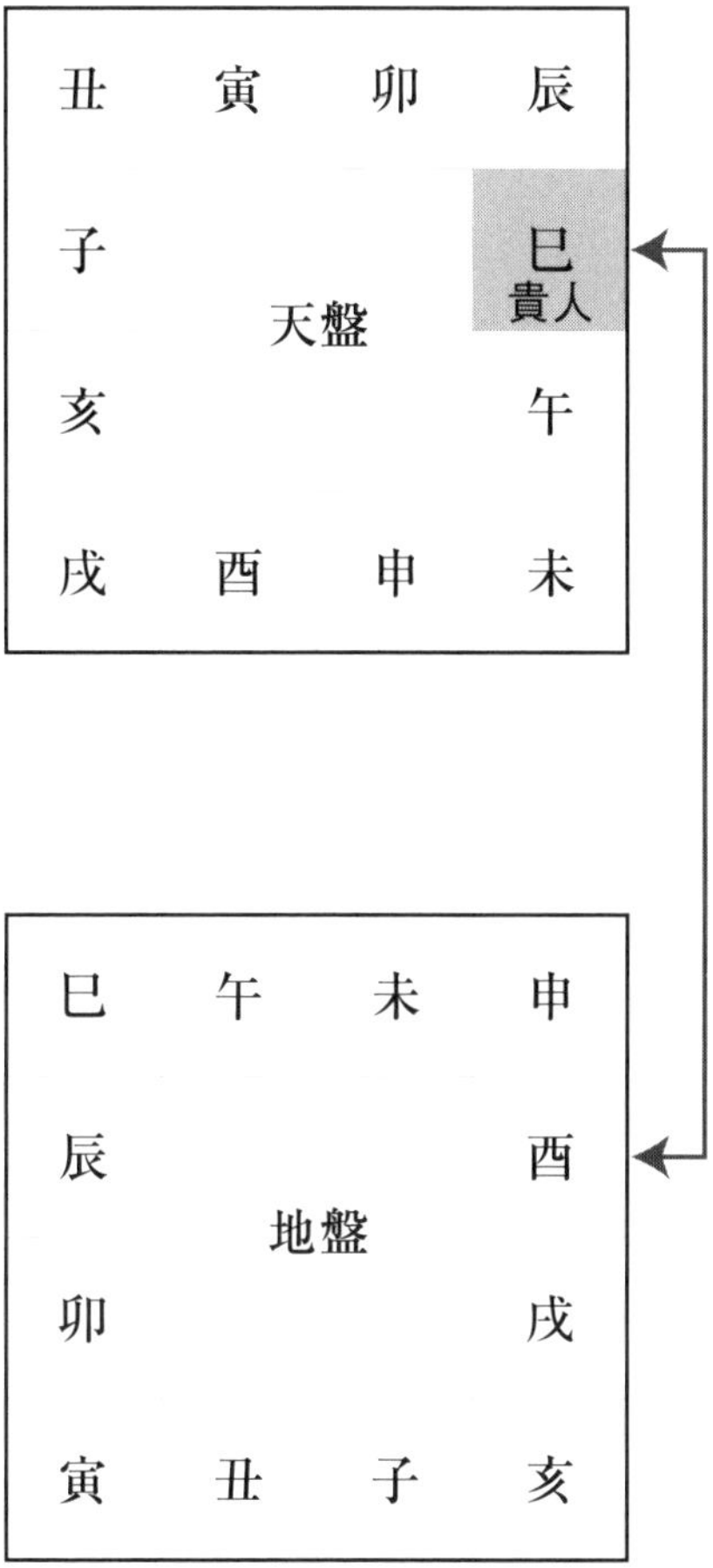

この貴人を中心にすべての十二天将を天盤に配するわけですが、貴人のいる天盤の宮との真下に位置する地盤の宮の十二支が亥・子・丑・寅・卯・辰なら順回り（時計回り）に、巳・午・未・申・酉・戌なら反時計回りに配します。右の例は貴人のいる天盤：巳の下の地盤の十二支が酉なので、逆回り（反時計回り）に配します。すると、次のようになります。

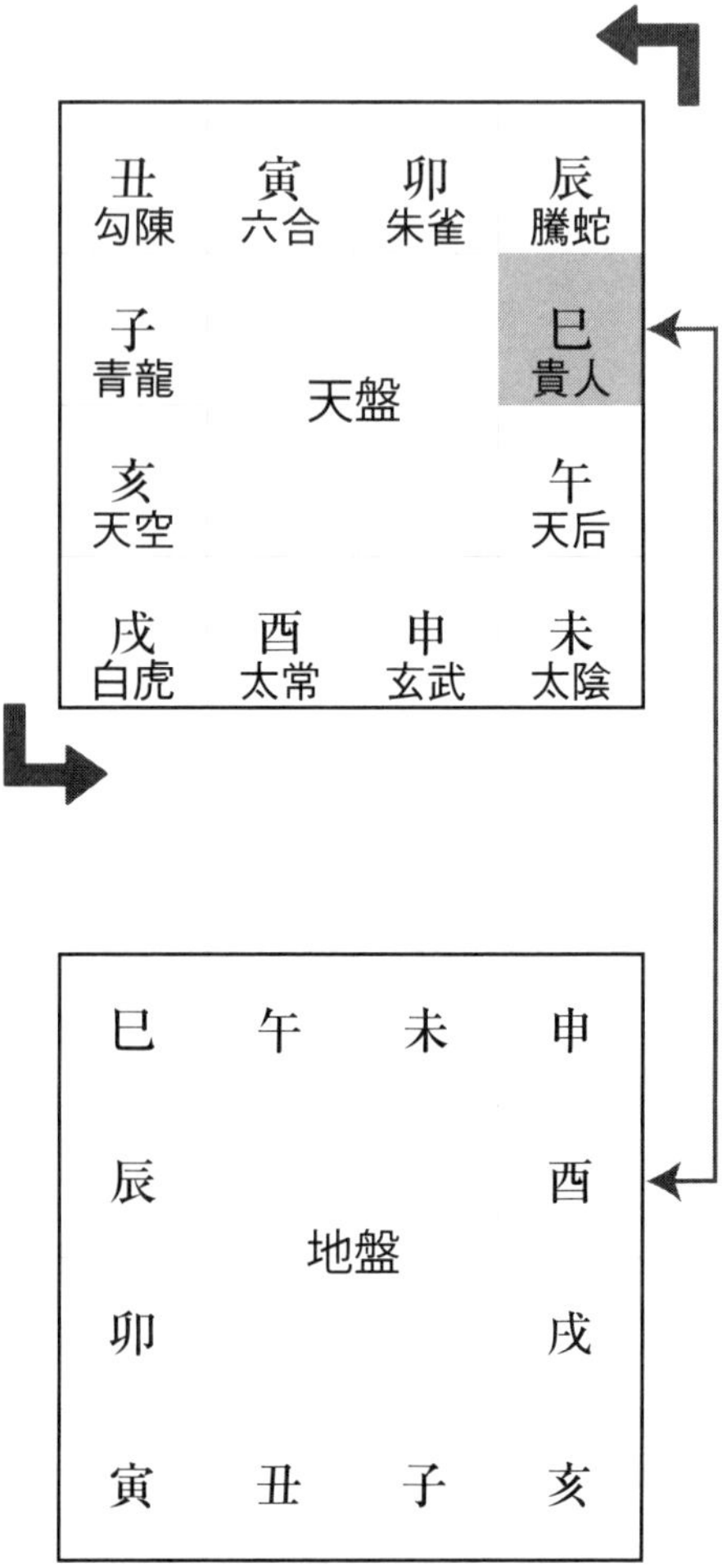

この天盤をもとに、四課三伝にも十二天将を配していきます。詳しくは後述の作盤方法で説明いたします。

■十二天将の性情

占いの判断にとても重要な十二天将の性情について解説いたします。しかし、それぞれがあまりに多くの意味合いを含んでいますので、ここではその中の主な部分を紹介いたします。十二天将の雰囲気やイメージを掴んでください。なお、吉の十二天将は十二支関係が悪いと吉要素が減り、凶の十二天将はさらに悪くなると見ます。

貴人

吉星、五行は土性。気品、優雅、目上（良い意味で使えます）、貴い人、貴重品、慈悲、黄色、8（数）、高級官吏、重役、会長、社長、上位の人。

［補足］騰蛇、勾陳とは相性が悪く、空亡に遭うとか、辰と戌の天羅地網に乗ずるのも吉祥を現しにくくなります。

騰蛇

凶星、五行は火性。困苦、驚き、恐怖、怪異（怪しい出来事）、慢性疾患、進性の病気、悪賢い小人、思考行動の悪い人物、烈火、ただれや腫れ物、死体、邪霊、口舌、火災、腹に一物、固執し迷いの多い人、紫色、4（数）、軍人、警察、公的機関、裁判行政、肉類。

［補足］日に旺じたり、空亡に逢うと凶意は薄らぎます。

朱雀
やや凶星、五行は火性。無邪気で冷たい、知識、華美、派手、風流文学、教育、裁判、女性は美人、馬、文章、郵便物、通信、伝達、書類、訴訟、著作、占術（占いは伝達）、試験、功名、呼吸器、肺、一見人当たりが良い、外美内毒、調子が良い、赤色、9（数）、司法、公務、学者、文化的。
［補足］日に旺じたり、火地の十二支に乗ると火災に注意。これは禍の占いに言えることです。

六合
吉星、五行は木性。交際、和睦、交流、「合」という字から結婚、友人仲介という意味から仲人、技工、術関連（占術、霊術など）、資源、材料、共同事業、秘密、プライベートな事柄、正直で人が良い、八方美人的な人、外交、交通や流通、新聞や書籍雑誌、6（数）、青色。
［補足］日に衰えたり、剋したり、空亡に逢ったりすると法螺吹き、虚舌、欺瞞となりやすいでしょう。

勾陳
凶星、五行は土性。愚者、遅れ、停滞、葬儀、闘争を好む、表裏の心、貧卑、胃虚、闘い、争議喧嘩、短慮、５（数）、黄色、大衆的、商売、農工業務、やぼったい人。
［補足］四庫（土性の十二支、丑辰未戌）に乗ると災厄に注意すべきです。

青龍
吉星、五行は木性。活動力、繁栄、権威、酒や桃花（色情）の災い、富む人、貴男、田畑、竜、貨幣や紙幣、高貴な物、商売、金融、収穫、豊かな衣類、男女問わず陽的（男性的）、元気、緑色、７（数）、実業家、肝臓、下痢。
［補足］第一課（干上神）に官鬼がつくと、吉は減退します。

天空
凶星、五行は土性。空虚、詐欺、動くと脅威を増す、虚花実なし、財的損失、徒労、卑しさ、醜い人、婚姻は孤独になりやすい、継承の没落、むなしい、精神的苦労、不誠実、黄色、５（数）、雑役、ようやくの生活。
［補足］やや空亡と同じような作用があります。

白虎
凶星、五行は金星。争い、病魔、酷薄、病人、冷たく残酷な人、金属、地、栗色、7（数）。交通機関に従事する人、重工業、機械工作。
［補足］通常、凶星は空亡になることを喜びますが、白虎は厄災を招きます。

太常
吉性、五行は土性。忍耐、冠（名誉）、飲食関連、手足、頭の病気、酒類、黄色、8（数）、放蕩、衣食住関連。
［補足］土気の支に乗るのは悪くありません

玄武
凶星、五行は水性。盗詐の網、陰邪、私的秘密（玄武は北の神で暗い）、滅亡、損失、陰気、陰険で固執する、度量の小さい人、裏の商売、邪心、暗い、盗品、腎経、血液、闇取引、陰謀、褐色、4（数）、医療関連、実行力、強さ。
［補足］十二支関係が良いとか、他の条件が揃う場合は、良い象意にとることがあります。

太陰

吉星、五行は金星。精錬、積極的ではない、隠居、静か、すっきりしている人、徳分、正直さ、純粋で一本気、融通性がない、白色、6（数）、九流の術士（精神世界、哲学、霊学、占術、宗教）。

［補足］第一課（干上神）と第三課（支上神）の関係が悪いとか、申酉の金地に乗る場合は家庭内に波乱、他からの厄難に注意と、古典に記載があります。

天后

吉星、五行は水性。女性的な気品や優雅さ、愛人、妻、高貴、今日の条件だと桃花（色情）問題、悪い秘密、曖昧模糊、色っぽい装飾品、女性に関する事柄、水商売、おとなしい人、気虚（元気がなく倦怠）、黒色、9（数）。

［補足］天后の乗る十二支が地盤の十二支から剋されると、面白くありません。

六親星

六壬占では主として十二支関係と十二天将で判断しますが、六親星をそれに対する従として副次的に使います。この主と従を明確にしておかないと、時として判断に迷いが生じます。断易（五行易）

における六親、八字（四柱推命）における通変星とほぼ同様な作用と考えて良いと思います。六壬占の六親星は、すべて占う日の干より算出して四課三伝に配します。

六親星	十二支の五行	日干
兄弟	木	木
子孫	火	
妻財	土	
官鬼	金	
父母	水	
兄弟	火	火
子孫	土	
妻財	金	
官鬼	水	
父母	木	
兄弟	土	土
子孫	金	
妻財	水	
官鬼	木	
父母	火	
兄弟	金	金
子孫	水	
妻財	木	
官鬼	火	
父母	土	
兄弟	水	水
子孫	木	
妻財	火	
官鬼	土	
父母	金	

例えば日干が丙なら、四課三伝に見られる午巳は火の五行なので兄弟、子亥は官鬼、寅卯は父母、申酉は妻財、丑辰未戌は子孫となります。四課に配する際は、各課の上の十二支と日干の五行を突き合わせます。

辛	卯	天空	父母
庚	寅	白虎	父母
己	丑	太常	子孫

騰蛇	貴人	天空	青龍
申	酉	卯	辰
酉	戌	辰	丙(巳)
妻財	妻財	父母	子孫

六親星の意味合いを次に示します。判断については、例えば収入や利益、売買など財に関する占的の場合に、財を剋す意味の兄弟が四課三伝に多現していたなら財を得るのが難しいとします。旅行の安全の可否を占った場合に障害を意味する官鬼が中伝に出ていたら、旅行中にトラブルの可能性があるという具合に判断します。

兄弟…兄弟、身内、同僚、友人知人、同業、競争相手、焦り、出費、損失など。

子孫…子供、吉事、弟子、生徒、目下、医療、宗教関連、祈祷、可愛がるもの、凶を避ける、平和、幸福感など。

妻財…妻、愛人、部下、女性、財貨、財産、株価、有価証券、高価なもの、事業、豊作、家畜、やりがい感など。

官鬼…夫、社長、上司、男性、勤務（勤め人に対して）、名誉、公的機関、病気、霊障害、不可思議な現象、天災、人災、反抗、苦労など。

父母…父母、目上、上司、師匠、先生、文章、学問、書籍、公的文書、手紙、家屋、電話や電信、パソコン、土地、世話、苦労感など。

類神

類神とは、十二支、十干、十二天将などの象意のことであると、本書では定義します。類神（象意）は占う事柄によって臨機に変化します。例えば家宅のことを占うとき、「子」は寝室、「丑」は庭やキッチンを表しますが、耕作占の場合は「子」「亥」など水の五行に関する要素は稲を、「寅」「卯」など木の五行の要素は果物類などを表します。十二天将の場合、病気のことなら「天空」は気虚や下痢、「貴人」は眩暈を表したります。また、人物なら「子」や「天后」は婦人や女性、妻を表したりします。

丁神

丁神は変動や発動を司る神です。十二天将星、四課三伝、日干、占的ごとに活用法が存在します。例えば、丁神が朱雀に付くと音信があるとか、比用課にあると心が背くなど、活用法は多岐にわたります。詳しい活用法については第三章以降の判断編にて説明いたします。

丁神は、占う日の日干をもとに算出します。例えば癸酉日の場合、巻末の「六十干支・空亡表」（199頁）を見ると、甲子～癸酉までの柱（旬柱）の中に三伝に該当する干支があり、丁は卯に付いています。この丁とセットになっている十二支の卯が丁神となります。

甲子	乙丑	丙寅	丁卯 ←	戊辰	己巳	庚午	辛未	壬申	癸酉	**戌亥**
甲戌	乙亥	丙子	丁丑	戊寅	己卯	庚辰	辛巳	壬午	癸未	**申酉**

陰神

陰神とは、陽神に対する陰（裏）の神というものを求めて様々に判断、活用するものです。算出はまず、天盤の十二支を地盤に探します。そして、その地盤の十二支と同じ位置の天盤の十二支が陰神となります。例えば、天盤の十二天将「六合」に付いているのは寅。地盤に寅を探し、同じ位置の天盤の十二支を見ると戌になっていて白虎が付いています。この白虎・戌が六合・寅の陰神となります。

陽神は表や外、目に見える現象を示し、陰神は裏や内、外からは見えにくい事柄を示します。

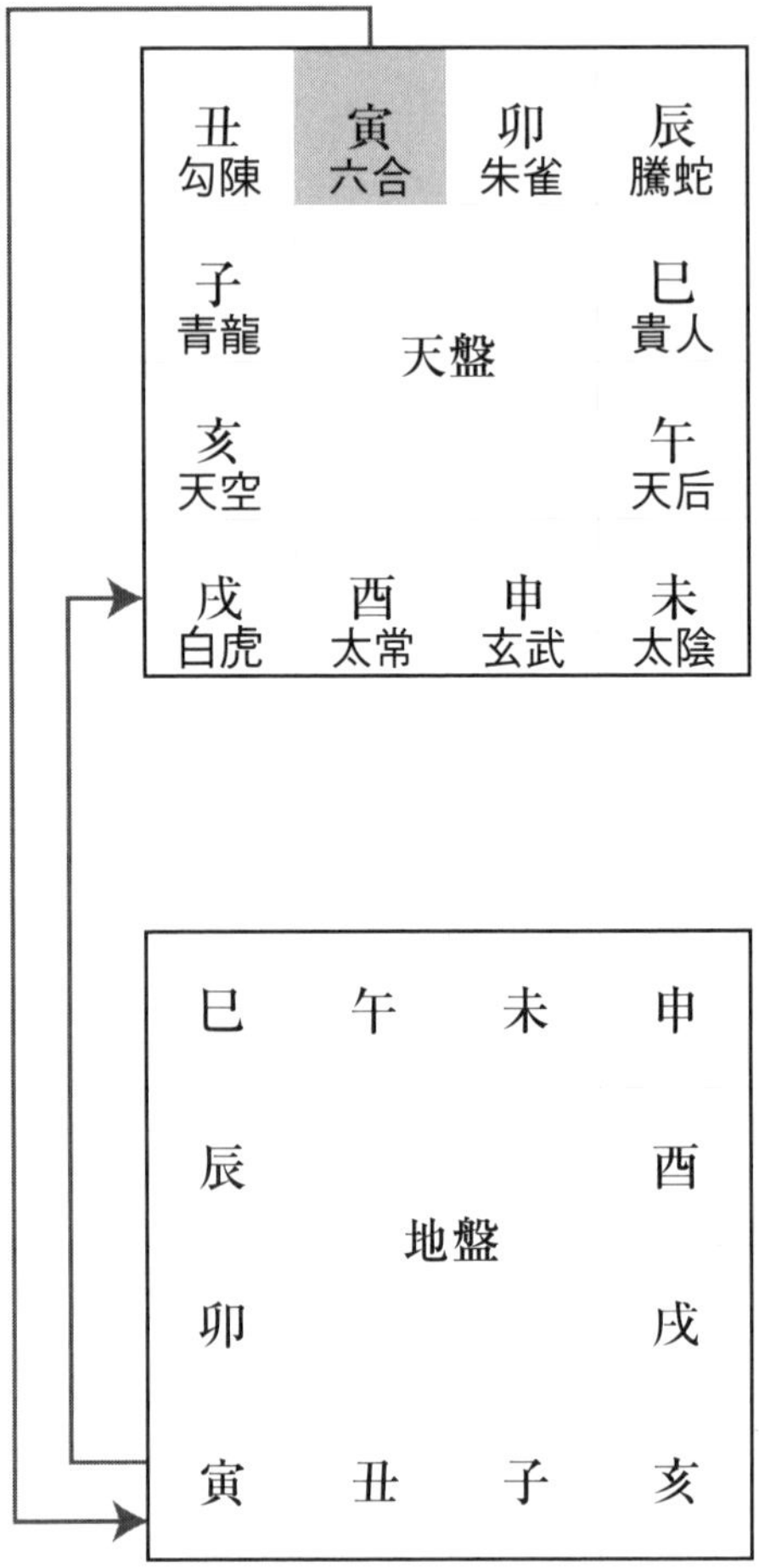

十二支関係

十二支関係は六壬占において、最も大切な判断要素となっていますので、しっかり押さえておきましょう。十二支の関係は①剋②支合③三合④半会（三合半会）⑤刑⑥冲⑦破⑧害があります。本章第三節で詳しく説明いたします。

神殺

神殺は、四課三伝や年命、行年などに配する吉星や凶星のことをいいます。占的によって使う星（神殺）は違います。神殺は日干、日支、月支のいずれかにより算出します。巻末に「神殺表」がありますので、実際に占う際に活用してください。以下に主な神殺の説明をいたします。

文徳…凶をなくし、吉を増す。
玉宇…家庭に喜び事がある。
金堂…何事にも喜びがある。

聖心…すべてにおける和合と平和の神。

五富…幸福を増し、凶のことが自然となくなる。

支儀…凶をなくし、吉を増す。

駅馬…吉凶は十二天将によって決まる。駅馬は発動の神で、旅行、移転、移動など変動がある。

病符…病気や古い事柄を司る。

日徳…凶をなくして幸福とする。

日禄…幸福、食禄（給与など）、帮助を司り、すべて成就する。

天恩…すべてにおいて吉であり、目上から福を享受する。

遊都…盗賊に遭遇する。大殺に乗ると何事も速やかさを意味する。

羊刃…血を見る災いを司る神。動けば凶。

長生…諸事吉の神。

絶神…すべてよろしくない。病気を占うなら死を暗示する。

墓神…絶神と同じ。

天徳…吉神中第一位の神。凶を吉に変える。

月徳…凶を消滅して吉に化す。

生殺…すべて凶を解き吉を増す。

死殺…病気や妊娠の占いにとっての凶神。
大徳…すべて幸福と化す神。
大殺…争いや戦いの意味があり、すべてによろしくない。
天馬…目上の信用を得たり、書信の喜びがある。
成神…旺・相・生・合するときは百事に吉。結婚占には和合・成立の神ともなる。
天喜…喜びを司る神。
会神…物事を成就する神。
桃花…すべてに忌む神。色情、異性の問題など。
奸門…異性問題や家庭が乱れる。ずるさなど。
漫語…真がない、実がない。天空に乗ると、このことが虚になる。
月奸…人に言えない悪事、陰謀、内乱を司る神。
血支…血を見ること。妊娠、病気なら鍼や手術はよくない。
遊殺…旅行を占う際にはよろしくない神。
天目…祟り、障り、逃走人を捕まえたり、家出人を探し出すにはよい神。
賊神…財を失う。身体上の障害を司る。
死神…病気には凶。白虎に乗ると死を暗示する。

喪車…この神が日干を剋すと生命にかかわる病気になる。

浴盆…病気には凶。

天医…病に用いて救いがある神。

飛廉…吉凶が速やかに表れる。待ち人は早く来る。

破砕…財産、物質を損なう神。

月厭…婚姻、内祝いなどの他、すべてによろしくない。この神が日干を剋すと命にかかわる病気になる。

血光…血を見る災いを司る。

華蓋…混迷、混乱を暗示する神。

天車…旅行を占って、日干、年命を剋すと、移動手段において深刻なトラブルを被る。

第三節　陰陽五行による十干・十二支の関係

六壬式では十二支の関係はすべての吉凶判断の根幹ともいえる重要な概念です。十二支に割り振られた五行の関係により、生、剋、比和、合、会、冲、刑、破、害の種類に分かれます。詳しく解説いたしましょう。

五行の生と剋

水が木を生かすように、五行同士が生み出す／生み出される、力を与える／与えられる関係にあることを「生（相生）」といいます。一方、水が火を消すように、打つ／打たれる、力を奪う／奪われる関係を「剋（相剋）」といいます。また、火と火のように同じ五行同士なら「比和」といいます。

十二支の生剋の判断は、さほど難しく考えなくて構いません。「生」「比和」の場合は何事もスムーズにいきやすく、「剋」の場合は停滞したり、障害や邪魔があってうまくいかなかったり、和睦しづらくなります。

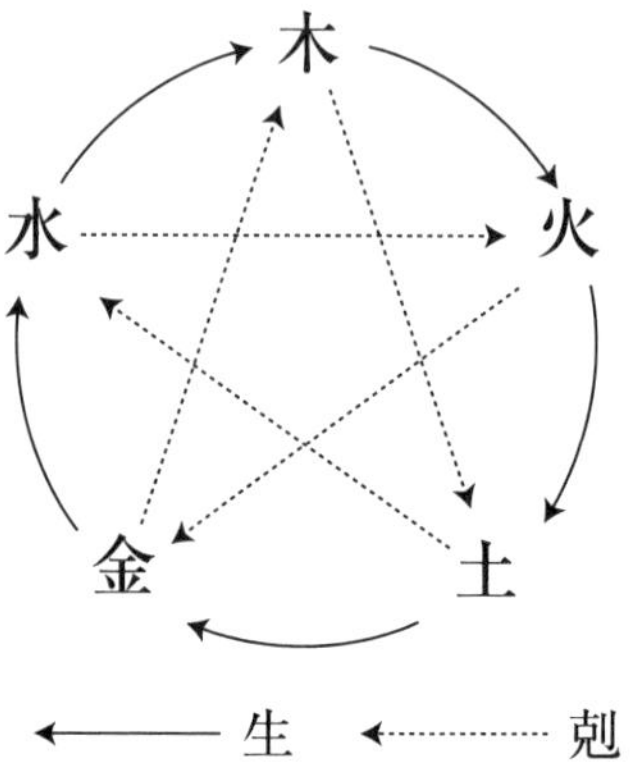

生…木生火　火生土　土生金
　　金生水　水生木

剋…木剋土　土剋水　水剋火
　　火剋金　金剋木

支合

支合は協力や和など、結び付くとか、くっついて離れないことを意味します。ただし、子と丑のような十二支の五行が剋になる関係の合を〝剋合〟といいますが、親和的な関係であっても相容れないものや波乱を含んでいることを意味します。

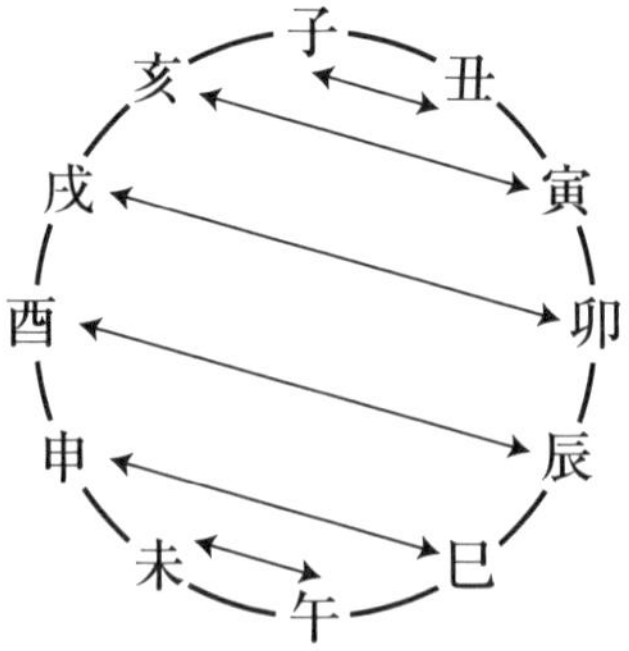

子―丑（剋合）夫婦和合の意味となる。
寅―亥（合）　木（寅）を育てる雨（亥）の形から親子の意味となる。
卯―戌（剋合）規約、約束の意味となる。また、やや損失の意味も。
辰―酉（合）　離合集散、友人や仲間という意味になる。
巳―申（剋合）信と疑いの意味があり、他に非常に多い、過度になる、僧侶という意味も。
午―未（合）　明と暗の意味があり、他に君臣、上下という意味も。

三合・半会

三合とは、特定の組み合わせで十二支が三つ集まり、結びつくことです。組み合わせによって五行が変化します。

申―子―辰　水局
巳―酉―丑　金局
寅―午―戌　火局
亥―卯―未　木局

また、三支が揃わなくても、旺支（子、卯、午、酉）があれば半会（三合半会）という一種の準三合が成立するとみなします。三合も半会も平和や和合、協力という意味になり、扶助や支援などがいくらか期待できます。

刑

刑は特定の十二支同士の組み合わせです。五行は変化しません。組み合わせによって多少異なった意味になりますが、基本的に争い、トラブル、破壊、傷み、物事の停滞を意味します。

■自刑

辰—辰　午—午　酉—酉　亥—亥

疑いが生じて決断できずなかなか実行に移せなかったり、物事を進められなかったり、進退に窮します。災いも多くなります。

■旺気刑

子—卯

不和で、内外ともに妨害が多くなります。

■生気刑

寅―巳

闘争、トラブル、憂い。災いを経験します。（補足：「害」の条件も考慮する必要があります）

巳―申

離合集散です。先に離れ、後に合します。また、人から敵対視されて害を受けたりします。（補足：「支合」の条件も考慮する必要があります）

■墓気刑

戌―未　丑―戌

戌―未は上の者が下の者を罰するという意味があり、公的機関とのトラブル（官災）の恐れがあります。丑―戌は下の者が上の者に背くという意味があり、両方とも上下間の争いを経験します。丑―戌は財の損失に気をつけねばなりません。

冲

冲は7番目にあたる十二支との関係で、衝撃を意味します。始めがよくても後で乱れます。凶神の十二天将が付いている十二支が冲となると凶意が強くなり、すべて消耗の現象として現れます。（十二支に十二天将などが付くことを「乗る」とも表現します）

【例】

辛	丑	天空
己	亥	太常
丁	酉	太陰

騰蛇	天后	天空	勾陳
午	申	丑	卯
申	戌	卯	戌（巳）

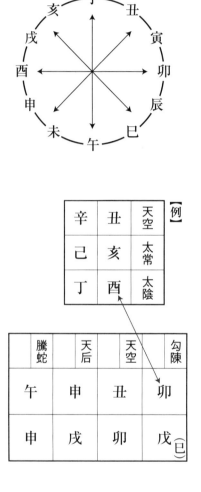

例えば恋愛や男女間の事柄を占って太陰や天后が乗って冲になると、動揺や衝撃的な出来事、桃花（色情）のことを経験したりします。例の場合は、末伝「酉」と第一課「卯」が冲になっています。第一課は本人を、末伝は結末を表しますので、本人にとって最終的には動揺を免れないような結末になることが課式から読み取れます。もちろん、この部分だけでなく、他の諸条件も考慮して最終的な判断を下さないといけません。勾陳がのると、我欲が招く争いやトラブルに注意を要します。

また、左にあるように、冲は十二支の組み合わせによって意味が異なったりもします。

子—午　男女間の争いやトラブル。
丑—未　物事に時間がかかる。しかし、占的によって吉凶や意味が変わってくる。
寅—申　男女不和、刃傷沙汰などの騒ぎやトラブル。
卯—酉　家庭、夫婦間の争いやトラブル。
辰—戌　物事に時間がかかる。しかし、占的によって吉凶や意味が変わってくる。
巳—亥　強く求めても得るものが少ない。

破

破は左図のような十二支同士が90度の関係で、物事が散じ変わる意味です。特に吉神が破になると吉を散じることになり、よくありません。四柱推命などにおいて「破」はあまり重要視しませんが、六壬式占では判断要素のひとつになります。例えば干上神と三伝、特に支上神との関係は周囲の裏切りや欺きを暗示し、占的にもよりますが、何事も成就しづらい傾向となります。また、吉将に付くと周りからの扶助や引き立てが期待薄となります。初伝、中伝、末伝の三伝に付くと問題が噴出し、特に末伝は期待の結果が得づらく成就しにくいでしょう。

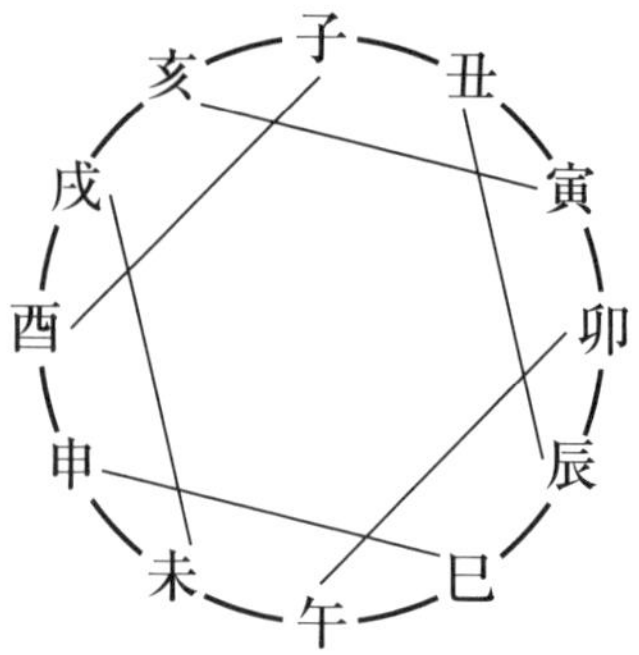

害

害は、支合している十二支と冲になる関係です。例えば、支合である午―未の組み合わせの場合、午にとっては未を冲する丑が害になります。病気、物事の停滞、人の妨害、裏切りなどを意味します。

子―未　丑―午　寅―巳
卯―辰　申―亥　酉―戌

旺相休囚死

すべての物事には循環性があり、強くなったり弱くなったりを繰り返します。この法則を時令との五行関係に基づいて四課三伝の中に探り、その力関係を読み解いていくのに応用します。

五行(時令)＼五行	木	火	土	金	水
木(春)	旺	相	死	囚	休
火(夏)	休	旺	相	死	囚
土(土用)	囚	休	旺	相	死
金(秋)	死	囚	休	旺	相
水(冬)	相	死	囚	休	旺

十二運

六壬占では四季に基づいた五行の強弱の原則に他に、十二支によって十干の強弱が変化するという原則があります。換言すれば、干に従って十二支の力量も変化するということになります。

十干										
癸	壬	辛	庚	己	戊	丁	丙	乙	甲	
建禄	帝旺	長生	死	絶	胎	絶	胎	病	沐浴	子
冠帯	衰	養	墓	墓	養	墓	養	衰	冠帯	丑
沐浴	病	胎	絶	死	長生	死	長生	帝旺	建禄	寅
長生	死	絶	胎	病	沐浴	病	沐浴	建禄	帝旺	卯
養	墓	墓	養	衰	冠帯	衰	冠帯	冠帯	衰	辰
胎	絶	死	長生	帝旺	建禄	帝旺	建禄	沐浴	病	巳
絶	胎	病	沐浴	建禄	帝旺	建禄	帝旺	長生	死	午
墓	養	衰	冠帯	冠帯	衰	冠帯	衰	養	墓	未
死	長生	帝旺	建禄	沐浴	病	沐浴	病	胎	絶	申
病	沐浴	建禄	帝旺	長生	死	長生	死	絶	胎	酉
衰	冠帯	冠帯	衰	養	墓	養	墓	墓	養	戌
帝旺	建禄	沐浴	病	胎	絶	胎	絶	死	長生	亥

第二章　六壬式盤の作成方法

六壬式盤の作成

六壬式盤は四課三伝から成ります。基礎知識がわかれば作盤はさほど難しくはありません。次の七つのステップで完成させることができます。

■ＳＴＥＰ１　天盤の作成
■ＳＴＥＰ２　天盤に十二天将を配す
■ＳＴＥＰ３　四課を作成
■ＳＴＥＰ４　三伝を作成
■ＳＴＥＰ５　四課・三伝に十二天将を配す
■ＳＴＥＰ６　四課・三伝に六親星を配す
■ＳＴＥＰ７　神殺を配す

癸酉日の例の図（11頁）を元に解説いたします。

【占時】

甲辰年　乙丑月　癸酉日　月将：丑　巳時　（2024年1月10日　午前10時）

■STEP1　天盤の作成

まずは次のフォーマットを用意します。

天盤を作成するにあたり、それより先に地盤から作成します。フォーマットへ下図のように十二支を配してください。地盤はこれで完成です。地盤とは十二支の指定席のようなもので、位置が変わる

ことは一切ありません。

次に天盤を作成します。まず地盤の上に空白のフォーマットを載せます。

地盤の中から占時の十二支がどこにあるか探してください。そして、空白のフォーマットの同じ位置に月将の十二支を記入し、そこを基点に他の十二支を順番に時計回りに配します。これを「占時の十二支の上に月将を乗せる」と表現します。例は占時が巳、月将は丑ですので左のようになります。

これで天盤とが完成しました。

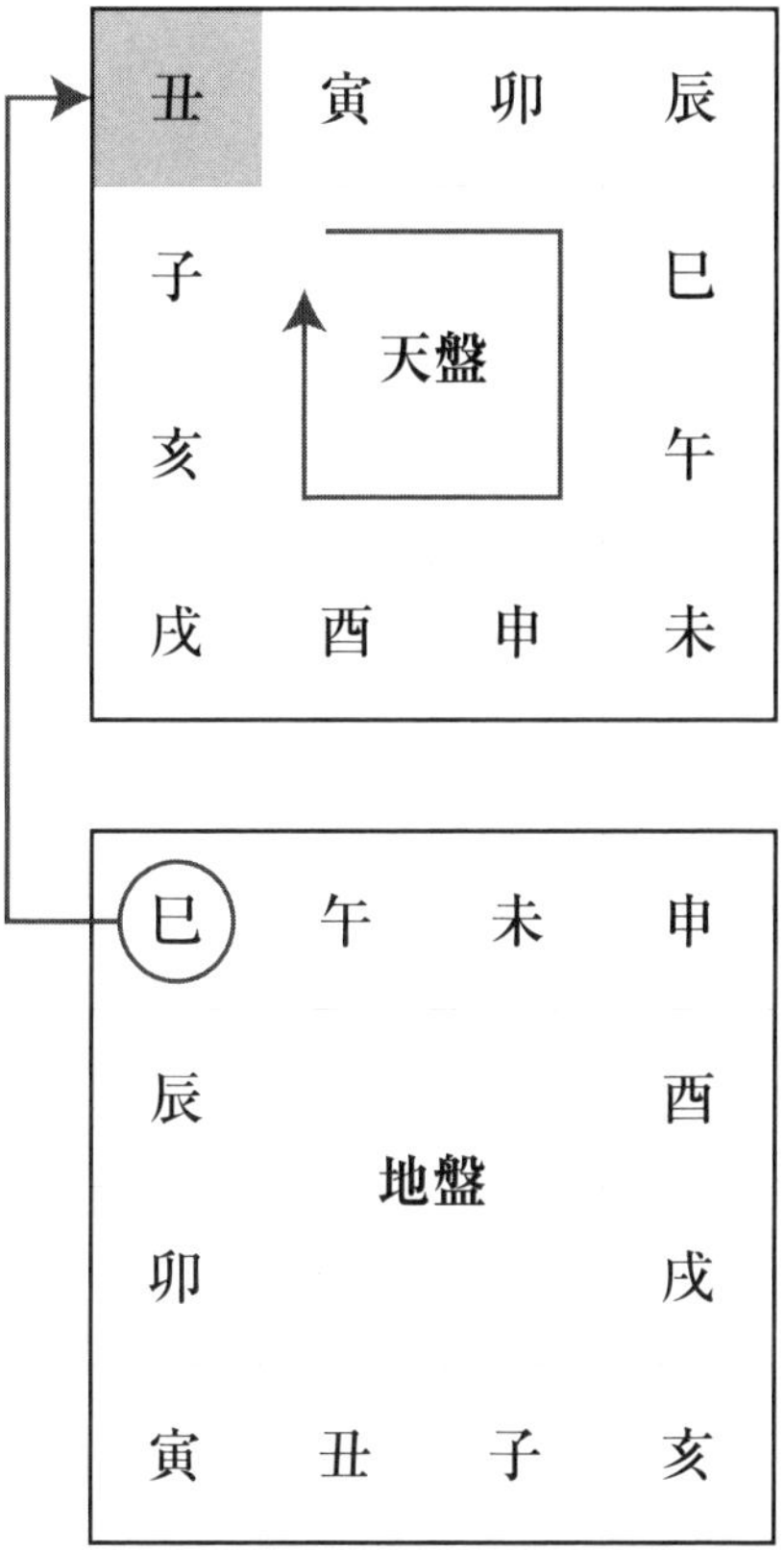

■STEP2　天盤に十二天将を配す

次に天盤に十二天将を配します。最初に十二天将（35頁参照）の中の「貴人」位置を天盤上に特定するのですが、占時の時間帯が昼か夜かで異なります。昼の時間帯（卯時〜申時）を昼貴人、夜の時間帯（酉時〜寅時）を夜貴人とするのは第一章で説明いたしました。

例では、占時は巳時で昼の時間帯ですから「昼貴人」になります。そして、占う日は癸酉日で日干は「癸」。次頁の表からこの二つが交差する欄をみると「巳」とあり、天盤の「巳」に貴人を配します。

日干	夜貴人	昼貴人
甲	丑	未
乙	子	申
丙	亥	酉
丁	酉	亥
戊	未	丑
己	申	子
庚	未	丑
辛	午	寅
壬	巳	卯
癸	卯	巳

ここを基点として、（貴人）→騰蛇→朱雀→六合→勾陳→青龍→天空→白虎→太常→玄武→太陰→天后の順番で他の十二支に配していくのですが、この時、配置した貴人と同じ位置にあたる地盤の十二支が亥、子、丑、寅、卯、辰であれば時計回りに、巳、午、未、申、酉、戌なら反時計回りに配するという決まりがあります。

例で説明しましょう。天盤「巳」の位置に貴人を配置します。そのすぐ下の地盤においては「酉」が同じ位置に相当しますから、反時計回りに配置していくのです。

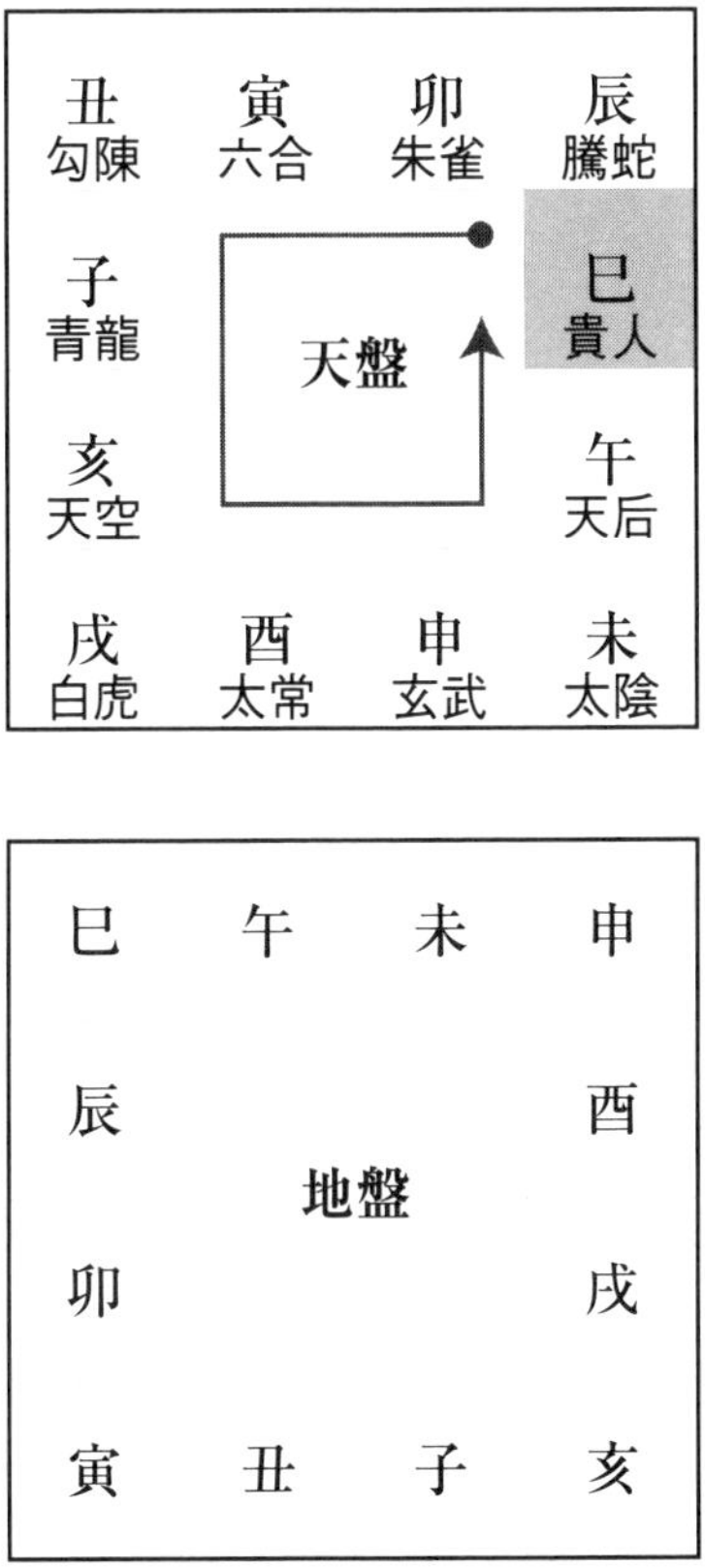

貴人を基点に、十二天将を反時計回りに配する

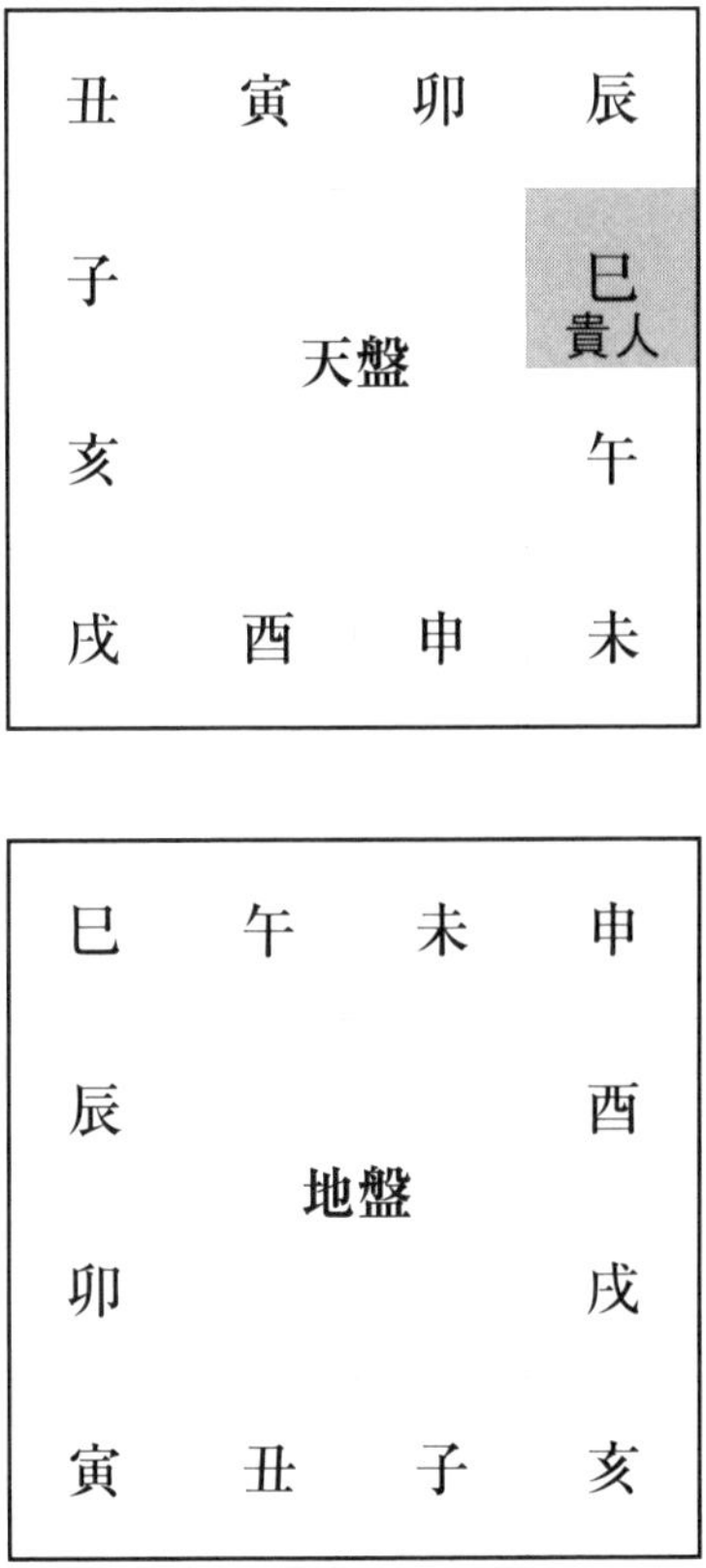

天盤「巳」と同じ位置の十二支を地盤に探すと「酉」

十二天将の配置順序

貴人→騰蛇→朱雀→六合→勾陳→青龍→天空→白虎→太常→玄武→太陰→天后

■STEP3　四課を作成

四課作成にあたり、次のフォーマットを用意します。そこに左図の①～⑨各要素を記入して完成させていきます。四課の作成には寄宮と天・地盤を使用します。

〈フォーマット〉

⑨		⑦		⑤		③	
⑧		⑥		④		①（②）	
↑四課		↑三課		↑二課		↑一課	

最初に左表から「寄宮」を算出してください。寄宮は占う日の日干から導き出します。例は癸酉日ですから、表で日干「癸」の横にある「丑」が寄宮になります。

寄宮がわかったら、フォーマットの①（一課）に日干を、②に寄宮（一課）を記入します。例は日干「癸」、寄宮が「丑」ですから、左のようになります。

寄宮	日干
寅	甲
辰	乙
巳	丙
未	丁
巳	戊
未	己
申	庚
戌	辛
亥	壬
丑	癸

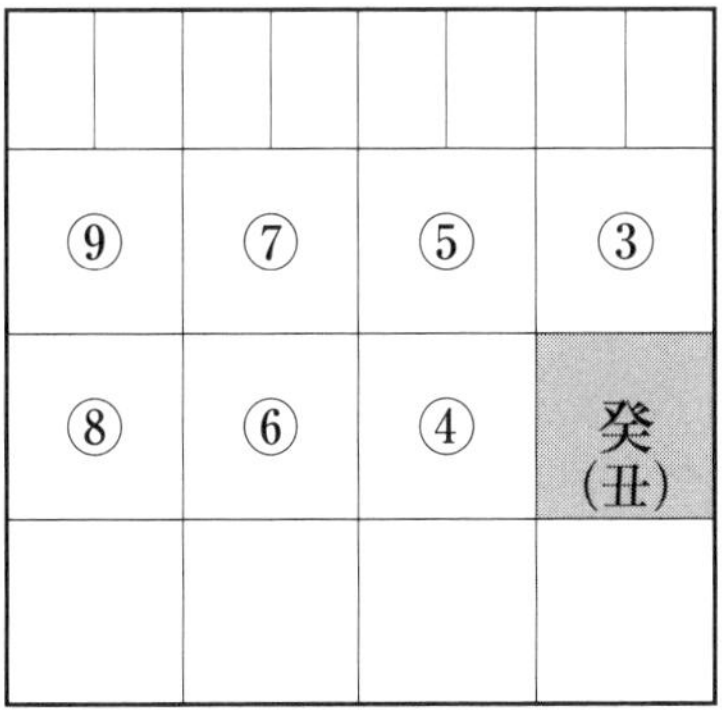

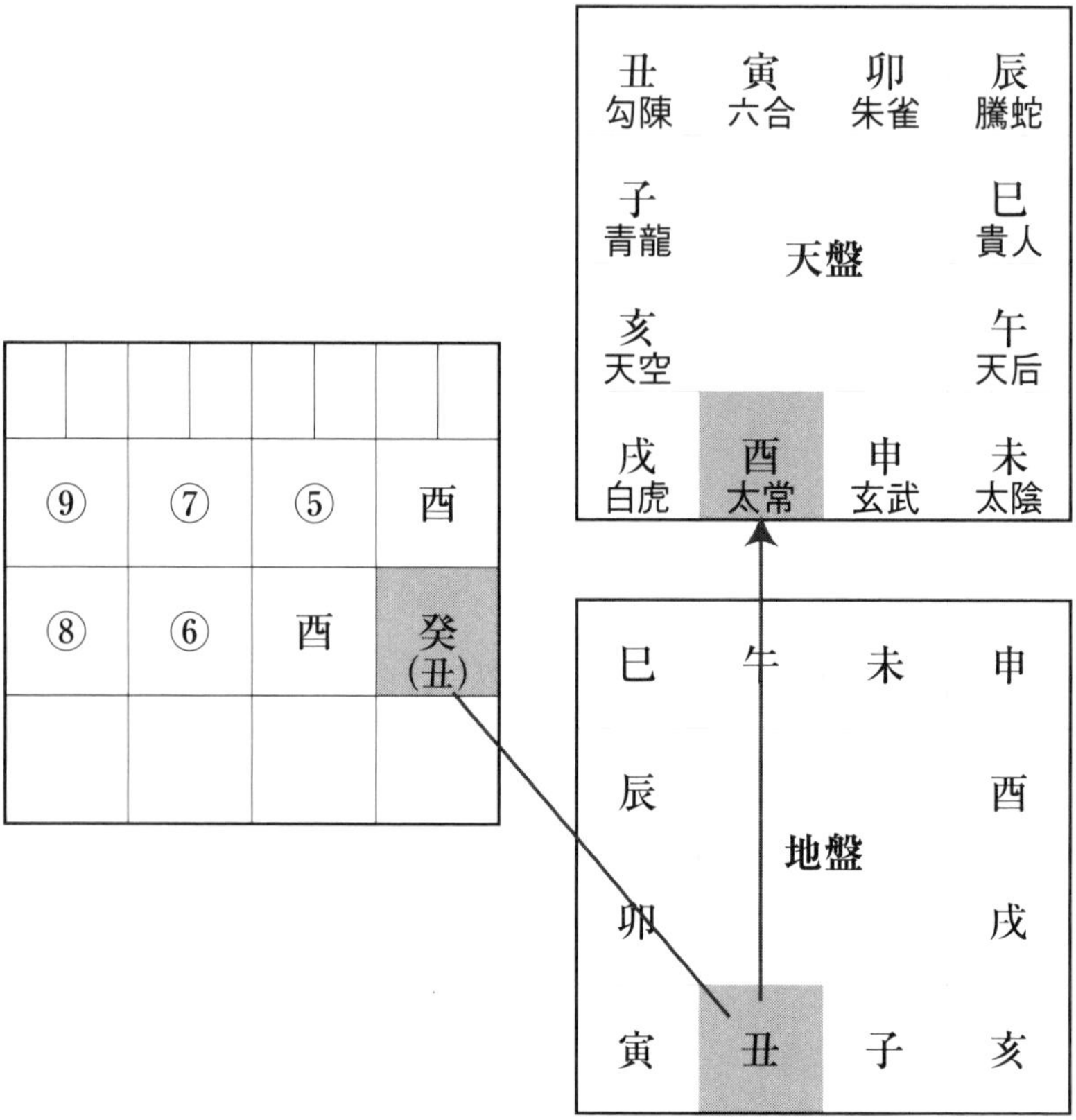

③以降を記入するには、STEP1で作成した天盤・地盤を使用します。地盤の中から寄宮と同じ十二支を探してください。そこと同じ位置にあたる天盤の十二支を③（一課）に記入します。そして、同じ十二支を④（二課）に記入します。

例では②が「丑」で、地盤の「丑」と同じ位置にあたる天盤は「酉」になりますから、③と④に酉と記入します。

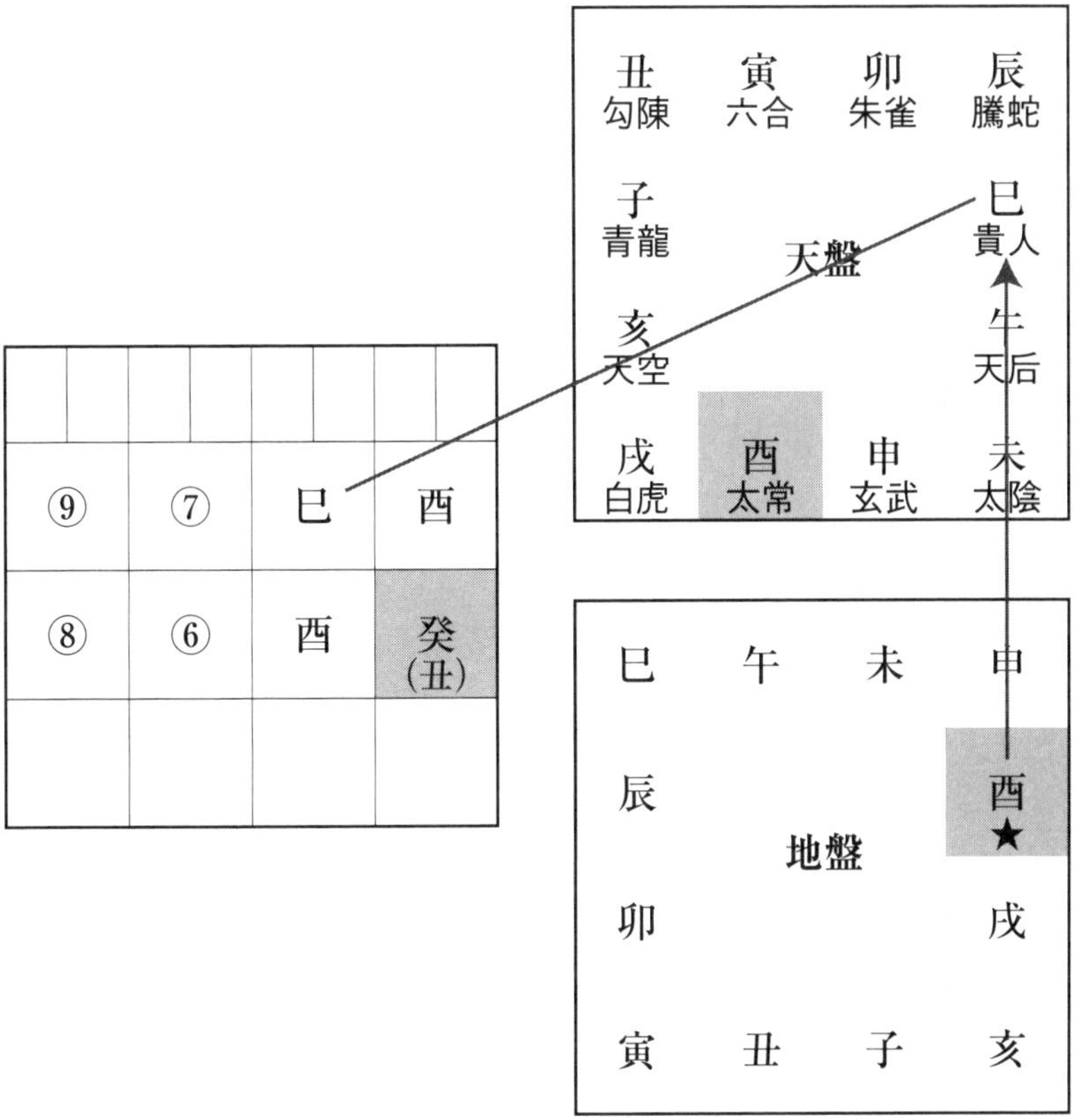

同じ手順で今度は④と同じ十二支を地盤の中から探し、そこと同じ位置にあたる天盤の十二支を⑤（二課）に記入します。

例では④が「酉」です。地盤の中から「酉」を探すと、同じ位置にあたる天盤の十二支は「巳」になり、⑤（二課）に「巳」と記入します。

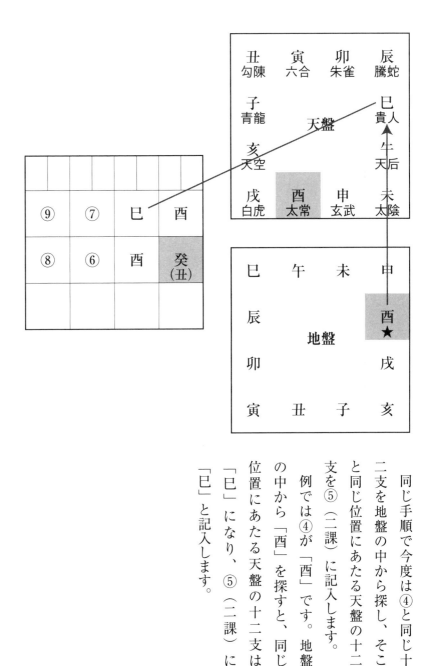

⑥（三課）には日支を記入します。例は癸酉日なので、日支は酉ですから⑥に「酉」と記入します。

⑦は、⑥と同じ十二支を地盤の中から探し、同じ位置にあたる天盤の十二支を記入します。そして、同じものを⑧（四課）に記入します。

⑨	巳	巳	酉
巳	酉	酉	癸(丑)

同じ手順で、今度は⑧と同じ十二支を地盤の中から探し、そこと同じ位置にあたる天盤の十二支を⑨に記入します。

例では⑧が「巳」です。地盤から「巳」を探すと、同じ位置にあたる天盤の十二支は「丑」になり、⑨に「丑」と記入します。

丑	巳	巳	酉
巳	酉	酉	癸(丑)

■STEP4　三伝を作成

本来、三伝の算出の仕方は非常に複雑ですが、巻末の「三伝表」を利用することで簡単に導き出せます。

日干支と、STEP3で作成した四課の中から、一課の上段の十二支（これを干上神といいます）をチェックします。そのふたつの組み合わせと一致する表を「三伝表」から探し、それを左の三伝のフォーマットに書き写せば完了です。

〈三伝フォーマット〉
(　　　課)

例は癸酉日。一課の干上神は「酉」、日干は「癸」。この組み合わせと一致するものを巻末の三伝表から探し、書き写すと左のようになります。

〈巻末「三伝表」より〉

干上 酉
巳丑酉 元首

(元首課)

	巳		
	丑		
	酉		

さらに、遁干を記入します。「遁干について」（34頁）を参考にしてください。

さて、遁干は六十干支表から占う日の日干支を探します。表の「甲～癸」の各行をひとつの柱とすると、日干支がある柱の中から三伝と同じ十二支を見つけ、そこに付されている干が遁干になります。

例は癸酉日です。癸酉が含まれている柱は「甲子・乙丑・丙寅・丁卯・戊辰・己巳・庚午・辛未・壬申・癸酉」となっていて、この中から先ほど算出した三伝の十二支「巳丑酉」を探すとそれぞれ己巳、乙丑、癸酉と、十二支に干が付いています。これが遁干になります。

（元首課）

己	巳		
乙	丑		
癸	酉		

■STEP5　四課・三伝に十二天将を配す

四課三伝を作成したら、四課三伝に十二天将を配します。STEP1で作成した天盤の中から四課

（元首課）

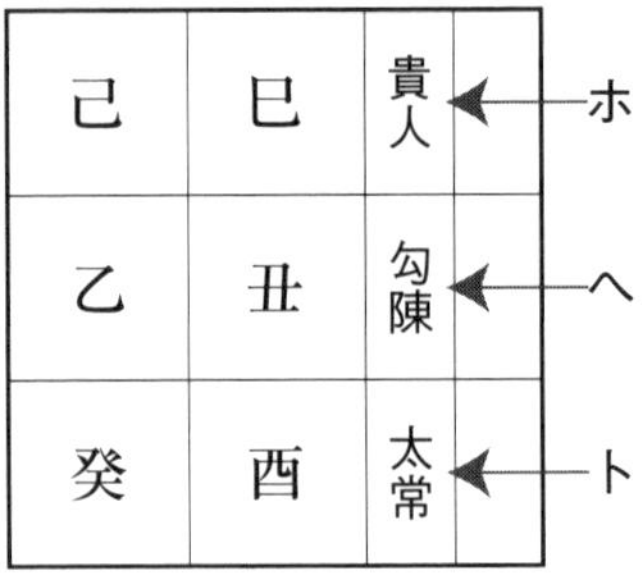

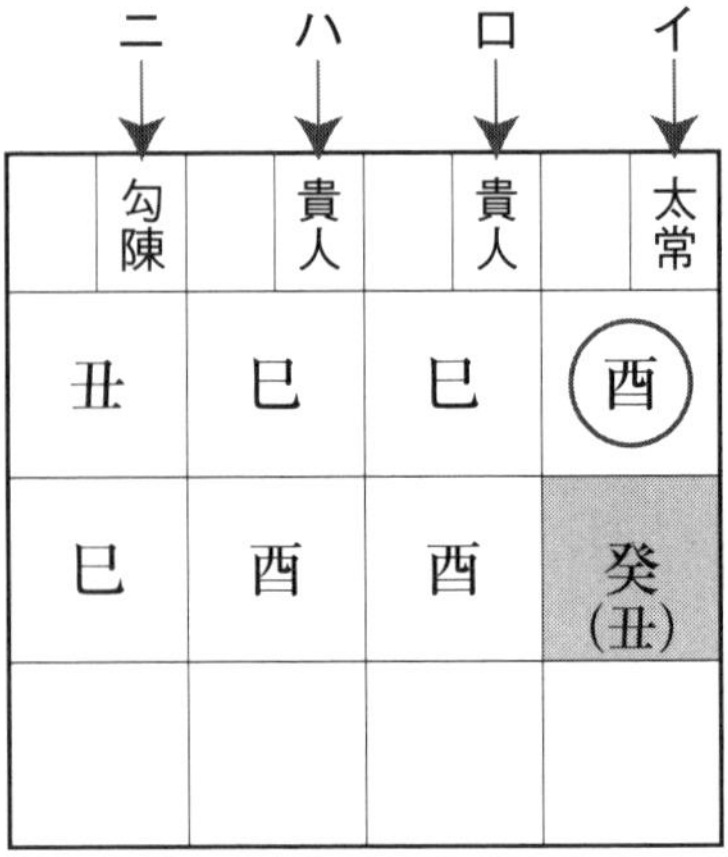

三伝の各十二支と同じ十二支を探し、天盤の十二支に付されている十二天将を、四課三伝のそれぞれの十二支に配してください。

例を用いて説明しましょう。第一課～四課の十二天将は、上段の十二支に配します。第一課が「酉」、二課が「巳」、三課が「巳」、四課が「丑」です。まず、第一課の「酉」を天盤の中に探します。すると、天盤の酉に付されている十二天将は「太常」になっていますので、上図イの箇所に太常と記入します。同じ手順でロ～ニに十二天将を記入してください。三伝も、初伝～末伝の十二支をもとに同じ手順でホ～トに十二天将を配します。

■STEP6　四課・三伝に六親星を配す

四課三伝に六親星を配します。六親星は、日干の五行と各十二支の五行の関係から導き出します。日干の五行が十二支の五行を生み出す関係を子孫、剋す関係を妻財、剋される関係を官鬼、十二支の五行が日干の五行を生み出す関係を父母、日干と十二支の五行が同じものを兄弟とします。左表にまとめましたので参考にしてください。

六親星	十二支の五行	日干
兄弟	木	木
子孫	火	
妻財	土	
官鬼	金	
父母	水	
兄弟	火	火
子孫	土	
妻財	金	
官鬼	水	
父母	木	
兄弟	土	土
子孫	金	
妻財	水	
官鬼	木	
父母	火	
兄弟	金	金
子孫	水	
妻財	木	
官鬼	火	
父母	土	
兄弟	水	水
子孫	木	
妻財	火	
官鬼	土	
父母	金	

例では日干が癸です。癸の五行は水。これを元に四課三伝の各十二支との五行関係を考えます。すると、一課の「酉」の五行は金で、日干：癸の五行である水との五行関係は父母になりますので、82頁図のようにチの箇所に「父母」と記入します。同様に、リ～ルまで六親星を記入してください。

（元首課）

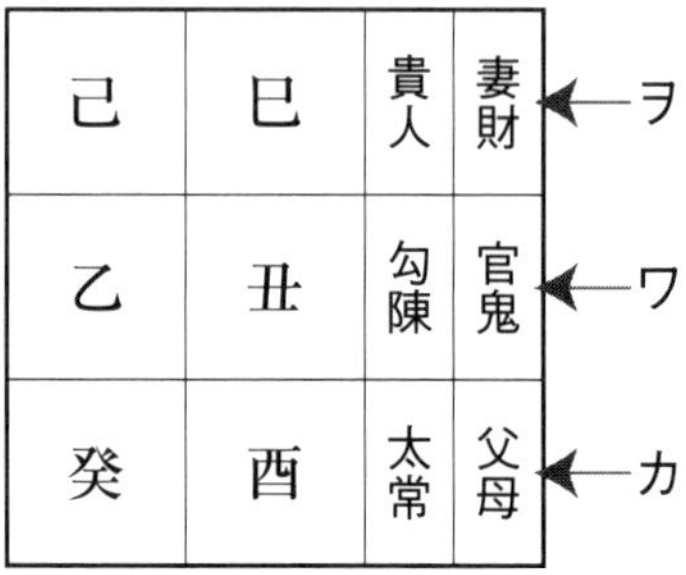

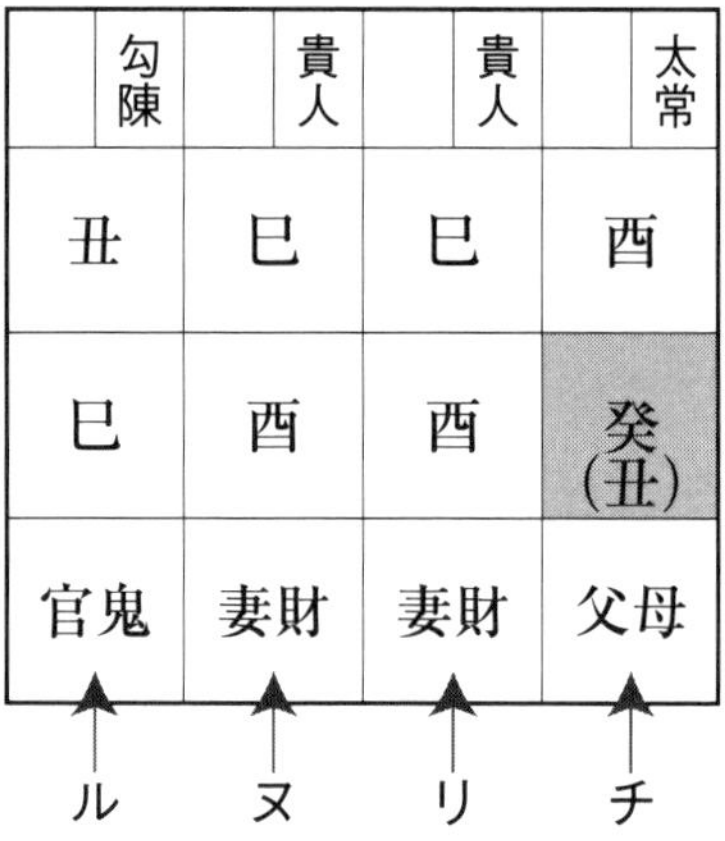

■STEP7　神殺を配す

最後に神殺を記入すれば、六壬式盤の作成は完成です。すべての神殺を記入する必要はありません。占う内容に適しているとか、必要と思うものだけで結構です。例えば、旅行や移転、家出などを占うなら駅馬、音信なら天馬、男女関係なら桃花など、占いの目的に応じて選択してください。

（元首課）

己	巳	貴人	妻財	日徳 ←
乙	丑	勾陳	官鬼	
癸	酉	太常	父母	

	勾陳	日徳	貴人	日徳	貴人		太常
丑		巳		巳		酉	
巳		酉		酉		癸（丑）	
官鬼		妻財		妻財		父母	

第三章　六壬式盤による吉凶判断

第一節　鑑定八法

六壬神課における鑑定の順序というべき概念に、鑑定八法というものがあります。先鋒、直事、外事、内事、発端、移易、帰計、変化（変体）の八つを言いますが、実際は占的によって鑑定の順序は多少異なりますので、基本的な考え方としてとらえておくと良いでしょう。

■先鋒門（以降、各法に「門」を付けて呼称とします）

鑑定をする時刻のことです。占う日の干支と時刻の支との関係が、相剋や相生、刑、冲、害、破、空亡などに当たっていないかを何より最初に見て、占う事柄の大まかな吉凶や成否を判断します。

■直事門

月将と時刻により天地盤を作成することを直事と言います。天地盤をもって四課三伝を作成します。金銭、結婚、仕事、旅行など、すべての鑑定の基礎となります。

■外事門
外事とは、占う日の日干から寄宮法を使って支を定め、一課を算出することです。六壬神課では重要な部分です。占う事柄（占的）において一課は、自分と相手、自分と病気、原告と被告などの「我」、主客の「主」となります。

■内事門
三課のことです。やはり、六壬神課では重要な部分です。占的においては、自分と相手、自分と仕事、自分と家庭などでの目的や環境であり、「彼」、主客の「客」になります。

■発端門
三伝の初伝のことです。物事にはすべてきっかけが存在します。つまり出発点となるのです。凶星や十二支関係の悪さがある場合、最初に問題が発生して進まないということが発生します。始めがよろしくないので遅滞の原因になります。

■移易門
三伝の中伝のことです。ものごとが推移する過程を意味します。始まりを意味する初伝と、帰結を意味する末伝の中間にあたります。

■帰計門

三伝の末伝のことで、物事の帰着点となります。六壬神課では、一課の干上神、三課の支上神とともに、とても大切な判断要素となります。

■変化門（変体門）

同日同時刻に占う場合、六壬盤である四課三伝は同じになりますが、各個人は年命を異にするため吉凶も変わってきます。占断の主体となる四課と状況の推移を表す三伝、それと個人の年命と行年（主にそれぞれの天盤の十二支）と相剋、相生、比和、刑、冲、破、害などを考慮して変化を判断するというものです。

第二節　九宗法

第一章の基礎知識のところですでに簡単に解説いたしましたが、三伝には9つの方法で分類する基本的な形（課式）があります。これを九宗法または九法式、九宗十課式などといいます。それぞれの課は、推命における「格局」のようなもので、四課三伝におけるひとつの大きな特徴といえるでしょう。

1　元首課

〈定義〉

第一課〜四課において1カ所、天盤支（上段の支）が地盤支（下段の支）を剋す場合。

〈解説〉

和合、協力、平和、睦まじいなどの意味があります。

〈判断〉

ものごとが、思いのほか順調に進む。

2　重審課

〈定義〉

第一課〜四課において1カ所、地盤支が天盤支を剋す場合。

〈解説〉

目下が上に逆らう。夫は妻に、妻は夫に逆らう。基本的には逆らう意がありますが、吉の要素なども考慮して判断しなければなりません。重審とは、重ねて審《つまび》らかにせよ、という意味です。

〈判断〉

何事も最初は辛苦が多いですが、だんだん見通しが立ち、後に良くなる。（補足：吉神が多く、十二天将が順回りの時は凶意が減少します。末伝に吉の要素が多いと、憂いは少なくなります）

3　知一課・比用課

〈定義〉

知一課は第一課〜四課において基本として2カ所、上（天盤支）から下（地盤支）を剋す場合。比用課は基本として2カ所、下から上を剋す場合。両方とも初伝を定めるのに複数の剋の中から一つを選ぶ基準として、日干と同じ陰陽の天盤支を取ります。（これを比用法といいます）

〈解説〉

この課を得たら、諸事二つの道に分かれやすく、迷いが生じて決めることができません。吉凶善悪が混合し、複数の事態に見舞われます。

〈判断〉

始め良さそうに見えても、後に乱れます。早めに対応して吉。よく考えて比較検討することで良い選択ができます。また、遠くより近いところで物事が起きやすく、解決の糸口も近くにあります。

4　渉害課

〈定義〉

一課～四課において上下（天盤支と地盤支）の間に剋が複数あり、かつ、比用法で初伝が決められない場合。

〈解説〉

何事も困難が伴います。物事が滞りやすく、相当に努力した末にようやく光が見えてきて、吉条件が多ければ目的を果たせます。しかし、末伝が凶だとその限りではありません。

〈判断〉

物事の初めに艱難辛苦を経験します。大きく努力すれば、末はどうにか形になってくるでしょう。

5　遙剋課

〈定義〉

一課～四課において上下（天盤支と地盤支）の間に剋がなく、天盤支のどれかと日干が剋の場合。

〈解説〉

小さいことはかないますが、大きなことはかないません。当初は驚くようなことや凶意が多いのですが、次第にその凶意は薄らぎます。例えば雷に驚かされるようなもので、雷鳴が大きいだけで実害はさほど少ないのと似ています。虚花（外見ほど中身がない）になりやすいでしょう。

〈判断〉

相手がある場合、ほとんど自分に利がありません。驚くわりに実害はありません。

6　昴星課

〈定義〉

一課～四課において上下（天盤支と地盤支）の間に剋がなく、遙剋（日干と天盤支との間の剋）もない場合。日干が陽なら、初伝を地盤「酉」と同じ位置にあたる天盤の支とし、中伝は支上神、末伝を干上神とする。日干が陰なら初伝は天盤「酉」と同じ位置にあたる地盤の支とし、中伝を干上神、末伝を支上神とする。

〈解説〉

進退が窮り、内部に問題が起きやすいでしょう。近くにいる物に問題があります。害が大きく、静かにして逃れる方が良いでしょう。

〈判断〉

恐れることが起きやすく、厄難を逃れるには静かにしているのが得策です。すべてが滞り、世話苦労が多くなります。

7　別責課

〈定義〉

一課～四課において上下（天盤支と地盤支）の間に剋がなく、遙剋（日干と天盤支との間の剋）もなく、さらに同一の天・地盤支がある場合。陽日は日干、陰日は日支の合神を軸に初伝を求めます。中伝、末伝はともに干上神とする。

〈解説〉

思った以上に進展しづらい状況で、成り行き任せ、希望することと食い違うようになりやすいでしょう。

〈判断〉

ためらいや迷いが多くて進めません。状況に流され、他人の意のまま、なすままになってしまいます。他からの問題も多く、変化や改革も難しいと言えます。

8　八専課

〈定義〉

第一課と第三課、第二課と第四課が全く同じ形で、上下の剋がない場合。陽日は初伝に干上神の支より順に3位にあたる支を取る（干上神が亥なら順3位は丑。亥→子→丑）。陰日は初伝に第四課の天盤支より逆に3位にあたる支を取る。中伝、末伝はともに干上神とする。

〈解説〉

盟友、協力、盟約などの意味があります。

〈判断〉

二害神人（良いこと悪いことの同時進行）の現象が見られます。和解して吉。心を一つにして協力し合うのが良いでしょう。

9　伏吟課

〈定義〉

一課～四課において、いずれも上下（天盤支と地盤支）が同一である場合。初伝～末伝の取り方は細分化されて煩雑なため、ここでは論じません。

〈解説〉

動中の静、静中の動、新旧交錯します。ただし、ほとんどの場合は動きたい情動を抑えて安泰を得ます。現状維持で静観し、良い時が来るのを待つのが良いでしょう。

〈判断〉

何事も計画なく進めると失敗の憂いを招きます。

10　返吟課

〈定義〉

一課～四課において、いずれも上下（天盤支と地盤支）が冲である場合。初伝～末伝の取り方は細分化されて煩雑なため、ここでは論じません。

〈解説〉

何事も希望することと反対の現象が出やすいです。

〈判断〉

落ち着かないとか、物事が予想や期待と反対になります。この課を得たら、速やかに対策を練るべきです。

第三節　応期の判断

応期とは、占事の現象が吉凶ともに現れる時期のことを言います。基本的に三伝を活用し、他の条件を加味して判断します。初歩的な技法から解説いたしましょう。

■十二支を使う方法

例えば、寅なら、寅年（長期なのであまり多くない）、寅月、寅日などです。

ただし、初伝は、物事のきっかけ、スタートですから、ある程度物事が推移してからの判断には、吉凶問わず意味がないかもしれません。

■遁干を使う方法

主に三伝に付ける十干のことです。甲でしたら、甲年（長期なのであまり多くない）、甲月、甲日などです。

■十二支と遁干が一致する場合

三伝にあらわれる遁干・十二支の組み合せと年、月、日、時の干支が一致する場合は、現象が比較的顕著に出ます。時として、遁干のみが一致する場合は、十二支の間に現象が出る場合が見られます。

■初伝に始まり、末伝で帰着する

この考え方は六壬の定石です。次に解説する方法は、阿部泰山先生の考え方を分かりやすく説明したものです。

・五行と季節を使う方法

例えば、春に鑑定した場合、初伝が寅卯、または甲乙ですと、近くに現象が起きると判断します。次の季節の夏の巳午であれば、やや将来に起きる現象とします。三伝に関係なく、占う日の日干支も多少参考になります。

・月、日活用法

年の十二支を初伝とすれば、その年内に答えが出やすいです。月の十二支を初伝とすれば、その月内に答えが出やすいです。日の十二支が初伝とすれば、その当日に結果が出やすいです。

・当日の十二支と初伝の十二支の関係

占う日を子の日とした場合、初伝が寅の場合なら、占った日から3日目と判断します。大きなことは年、中位のことは月、小さなことは日を使って判断します。

・末伝について

凶は末伝を冲する年、月、日にその悩みが消散しやすく、吉は末伝を合する年、月、日に成就しやすいです。

第四節　空亡の判断

六壬神課における空亡については様々な考え方と判断方法が存在しますが、おおむね空亡をまったく無視するか、非常に重要視するかのどちらかのようですが、本書では、ある程度作用があるという立場を取ります。その上で、判断の活用に値すると思われるポイントを紹介いたします。

・吉祥星（十二天将の貴人、六合、青龍、太常、太陰、天后）が空亡すると吉が減退し、凶将星（騰蛇、朱雀、勾陳、天空、白虎、玄武）や刑、冲、破、害が空亡すると凶が減退し、凶の現象が発生しづらくなるといわれています。

・干上神（一課）が空亡すると、体と用の関係で体が空亡することとなり、何事を行うにも力不足や気力不足となります。または、容易に実行に移せないなどの意味が出てきます。

・三伝において初伝の支が空亡すると、ことに及んで当初は苦労を経験します。結果はその帰着点を示す末伝をよく考慮します。

・三伝において中伝の支が空亡すると、ことが容易に進みません。十二支関係や十二天将星、六親星の条件が悪い場合には、ことの中止や中断の憂き目に遭うかもしれません。結果については末伝をよく考慮します。

・三伝において末伝支が空亡すると、吉凶ともに結果を得にくい傾向が出てきます。しかし、占的によって差異があります。杞憂、争い、トラブル、訴訟などは帰着点の結果に満足が得られにくく、疾病占は急病で凶星が乗る時には死亡も覚悟すべきです。何事によらず、とにかく末伝が凶意を帯びる時にはひとまず退き、ことを避けるのが得策です。

・三伝の中で、二伝が空亡し、一伝に天空が乗っているとすべて空亡という扱いになります。三伝すべて空亡は凶ですが、解散や憂い、疑惑がある場合にはかえって吉になります。

・四課がすべて空亡はすべて形なくして声ありという不実虚声、有名無実となります。

・空亡は何事も、登山で言うところの「五合目止まり」となり、吉も凶も中途半端です。

・日干寄宮空亡、および大歳、月建、本命、行年、月将は空亡を論じません。

・占時が空亡になる時は、占う内容に吉にも凶にもなりません。

・干上神が空亡し、さらに天空が乗るときは占う内容に実態や意味がありません。

・類神の空亡は、空虚で不実です。

・干上神、支上神がともに空亡する時は解散か、積極的に動かない方が良い。病気は体力がなく、慢性なら死の恐れがあります。支上神だけが空亡なら、急病や患って間もない病気は治りやすい傾向です。

・財（妻財）と官（官鬼）が空亡する時は、行動してもよい成果を得られません。

・占的により官鬼空亡は、凶にならない場合があります。

・男命が空亡だと遠行を欲し、女命が空亡だと憂いが発生します。

・妻財空亡は、出産や妊娠しにくいか、問題が起きやすい。

・父母の空亡は不安や心労があります。

・兄弟の空亡は友人や知人が力になりません。

・子孫の空亡は我を助けるものに力がないか子供に力がなく、時として養子を迎えやすい。

・初伝空亡でも末伝の条件がよければ、努力で後に成就します。

・中伝空亡は途中でやめるか、中止になりやすい。

・末伝空亡はおわりに結果を出しにくい。

・財神（我が剋する妻財）が空亡すると売買が成立しづらく、財を求める占いでは初伝が良い条件であっても末伝が空亡だと財を得にくい。

・初伝に妻財があり、末伝が空亡だと、女性または妻とのトラブルを招きやすい。

・支上神に妻財があって空亡なら、女性または妻の力を得られないか、財を得にくい。

・初伝の妻財が空亡で、末伝に妻財があると、困難があっても何とか成功にこぎつけます。これが結婚を占う場合なら、最初は他の女性と関係して、後に妻となるべき人と結婚します。

・初伝の妻財が空亡して、中伝、末伝の条件がよいと、一喜一憂します。

要するに空亡は空虚で誠実さがなく、物事が成就しにくく、凶条件は空亡がよくて吉条件が空亡はよくないということです。そして、待ち人は来ない、音信は来ないか来ても嘘が多い、病気の場合は一課が空亡だと不利、訴訟の場合は原告と被告において（一課と三課）、空亡した方が不利、逃亡も者は捕まらない、失物は出てこないということになります。

第五節　丁神の判断

丁神は基本的に三伝で活用します。丁神は変動を司り、条件が悪いと丁神は動揺の神となって財や官の問題が起きやすく、多くは凶変化となります。応期と空亡に続いて、阿部泰山先生の考え方の要点をご説明いたします。

逃亡…丁神をみると遠くに行き、盗賊は隠れて捕えにくい。
婚姻…丁神をみると集散して、好色になりやすい。
争訟…諸事伸び難い。

〈特徴〉

・丁神に白虎が付くと憂いが起こり、騰蛇・朱雀が付くと怪しいことが起きます。太陰・天后に付けば、時として女性が疾走し、天空が付くと雇い人が疾走することがあります。玄武は盗難に注意しなければなりません。その他の特徴として、朱雀に付くとは音信あり、勾陳なら遠く行くか、または遠くから人が来ます。青龍が付くと飛躍し、六合は遠くに行きます。

・丁神が元首課にある場合、自分から見て目上や立場が上の人次第で動きや結果、吉凶が決まります。同じように、重審課なら目下や立場が下の人次第となります。比用課にある場合は自分の心に背くことがあり、渉害課は凶の要素が強まります。返吟課は遠くに動きやすく、伏吟課は力のある人に頼ります（この場合の吉凶は別）。

・庚・辛日の丁神（旬丁）は凶。壬・癸日の丁神（旬丁）は財が動くとして凶だが、吉条件があれば財を得るか、子供の財に関連することが起こる。

・三伝の丁神に官鬼が付くと火の災いがあり、白虎も凶に動いて急速に悪くなる。

・初伝丁神は財を受けてはいけませんが、三伝のどこにあっても同様です。特に官鬼は大凶です。

・泥棒は、その類神に丁神が付くと捕まえにくいです。丁神は変動であり、逃亡占では遠くに行ってしまい、結婚は集散します。病気占で凶神に丁神が付くのは、すべて凶です。

第六節　その他の判断方法

六壬神課は吉凶成敗を判断するだけでなく、非常に具体的で詳細な判断も可能です。ここでは、それを実現するための技法について、いくつか解説いたします。

■高低法

場所や価格などの高いか低いかを判断する方法です。様々な事柄において使うことができます。

三伝に気勢があれば高い暗示で、気勢が弱いと低い暗示です。短期的な事柄ならば日干より引いて、長期的なことや規模の大きなことをみるならば月支より引いて、それぞれ初伝、末伝、中伝の三伝上神が旺相するか否かを見ます。物事の推移に分けて、初伝、中伝、末伝と区別して判断します。

また一課か二課の上神が初伝となれば高いと知り、三課か四課の上神が初伝となれば低いと判断します。

■数理法

数理法は占う事柄について、数量や距離等の数理を知りたい時に用います。

子・甲＝9　丑・乙＝8　寅・丙＝7　卯・丁＝6　辰・戊＝5　巳＝4
午・己＝9　未・庚＝8　申・辛＝7　酉・壬＝6　戌・癸＝5　亥＝4

貴人＝8　騰蛇＝4　朱雀＝9　六合＝6　勾陳＝5　青龍＝7
天空＝5　白虎＝7　太常＝8　玄武＝4　太陰＝6　天后＝9

類神の乗ずる天地盤十二支にて数を判断します。例えば財について占うならば、妻財・青龍乗ずる天盤地盤の十二支から数を考えるわけですが、この時、天盤：丑は8、地盤：子が9ならば、98、89、9＋8＝17から17や170、9×8＝72から720や7200等と判断します。

単数を求めるのであれば、初伝天将から求めます。貴人が初伝に乗じれば8と判断します。類神があらわれない時は初伝の天地盤十二支にて計算します。また、先の高低法で高低を知り、それを参考に数理法にて高き数を取らず、低き数を採用する等の使用法があります。

■遠近法

遠いか近いかを知る方法です。知一課、伏吟課は近く、渉害課と返吟課は遠い。初伝が休囚となる時は近く、旺相であれば遠い。丁神、駅馬は遠い（遠くへ動く）。初伝に六合、青龍が乗ずれば遠いです。初伝に貴人、太常は近いとみます。

■内外法

占的に対する事象が内側から起こるのか、外側から起こるのかを判断するのに使用します。

一・二課を外、三・四課を内とします。一課・二課をもって初伝となる場合は、何かしらの問題やポイントとなる出来事などが外から内側へやってきます。三課・四課をもって初伝となる場合はそれが内側から起こり外側に向かって影響が広がっていきます。

また、財運を占う場合に三課・四課上神が日干の財にあたっていたら「外財入内」と言って外から収入や財が入ってくる暗示であり、また財を獲得できる暗示でもあります。例えば丙戌日に占って、三課上神が申、四課上神が酉となるような場合です。申・酉は日干：丙の財にあたります。もし、一課・二課上神が日支の財にあたっていたら「内財外出」と言って財が出て行ってしまう暗示となります。例えば己巳日で一課・二課上神が申・酉のような場合です。ただし、もし日干からみて日禄（神殺）となるなど吉神が付けば吉となり、剋や空亡にあたれば凶となります。

第四章　占的

財運占

ここでは金銭運、財の調不調、難易、多少の判断法を解説していきます。これは様々な場面で、金銭に関わる事柄を占うに当たって適用できます。また、数理法、高低法なども使用できますので、判断の参考にしてください。

■占断のポイント

①金運の好調不調をみる

・年命地盤より天盤上神を剋し、一課三課ともに地盤地神より天盤上神を剋せば、これを「三財」と称して、金銭に関わることは成立すると見ます。

・六親星の妻財、青龍、酉が四課三伝、年命、行年にあらわれているかを見ます。これらの類神があらわれずとも子孫があらわれていれば成就の可能性があります。

・上記の財の類神が四課三伝内にことごとくあらわれる場合、陽極まり陰に転じる如く、逆に金銭は整わず、金運は不調と見ます。

・六親星の兄弟は散財を示し、金運は不調と見ます。

・初伝が空亡、または中伝、末伝、一課、三課より十二支関係が刑冲破害となり、末伝に財神あり中伝、末伝、一課、三課より十二支関係が支合半会の吉の関係であれば最初困難ですが、後に財は整うと見ます。逆に初伝の状態が吉であっても、末伝の状態が悪ければ、後々に財を失ったり、徒労に終わることになります。

・財を得る時期を知るには、妻財が旺地に臨む所、つまり地盤十二支が天盤十二支と比和か生じられている十二支の年月日時、あるいは青龍が乗る地盤の十二支の年月日時、末伝が支合する日に財を求め得ると見ます。

②難易についての判断

・日干と日支が比和か、日支より生じられれば容易いとみます。また一課・三課が日干と比和か日干が生じられる関係ならば、これも容易いと判断します。

・初伝より中伝、中伝より末伝と順に生じれば順調でしょう。

・末伝より初伝への剋、または末伝より中伝、中伝より初伝への剋は阻害があると判断します。

・妻財・青龍が午または酉に乗れば容易いと見ます。

・日徳・日禄が初伝にあれば容易いと見ます。また一課・三課・年命にあっても容易くなる傾向です。

・返吟課・伏吟課に当たれば難しいとみます。これは返吟課が反復変動を象徴し、望み事は成功を期して事にあたっても反対の結果となるのを象徴するからです。伏吟課は逆に動きがないことを象徴しており、現状維持にとどまり利益の増大を示さないからですが、この二つの課を得たとしても、四課三伝内の構成により吉とも凶ともなり得ます。
・初伝より日干を剋し、日干より中伝、末伝を剋す。つまり中伝、末伝が妻財となるのは、初期段階で困難があっても、後に財を求めるのは容易くなります。
・初伝に妻財または青龍があり、中伝か末伝が日干を剋する時は最初は順調ですが、後に困難となります。また中伝、末伝が空亡となるのもよくありません。ですから速やかに物事を運ぶ必要があります。
・青龍、酉の財の類神より日干が剋される時は財のために災いを招きやすいです。

③財の量について
・妻財、青龍、酉の財の類神が旺相する時は得られる財は多く、休因する時は少ないでしょう。
・財運占に限らず、類神が旺相することを喜び、旺相する時は量は多く、物では新しく、強弱では強く、距離は近く、速度では速い等とみます。休因する時はその逆に判断します。
・初伝に妻財、青龍、酉の財の類神があらわれる時は得られる財は多いとみます。中伝・末伝にあるのは少ないとみます。これも財運占に限らず、類神が初伝にあるのを喜び、その類神の影響力が強いと判断し、時期的な判断では早いとみます。

・その年の十二支に妻財・青龍が乗ると、得られる財は多いとみます。

〈占例〉

両親から資金援助を受けたいが、希望額の借り入れが可能か否か。

庚子年　丁亥月　己未日　己巳時　月将：卯　年命：—　行年：—

一課	青龍	巳己	父母
二課	六合	卯巳	官鬼
三課	青龍	巳未	父母
四課	六合	卯巳	官鬼

八専課

兄弟	騰蛇	空丑
父母	青龍	丁巳
父母	青龍	丁巳

日干日支が比和となり吉。まず初伝は空亡となり、財について占うに忌む兄弟と凶将騰蛇は空亡と

なり凶意をなしません。財に関する心配事の消失を示します。妻財は課式にはありませんが、類神の青龍が両親をあらわす父母を帯び、青龍（木）と天盤巳は相生となり大変気勢が強いです。一課三課ともに二課・四課の陰神より生じられ、日干を勢いよく生じます。中伝、末伝も日干と旺相となり吉です。希望の金額の援助を受けられたとのことです。

中伝、末伝に丁神、そして巳は駅馬となるのですが、この依頼者の現在の住所から実家は遠方とのことで、長旅をして帰郷し資金援助を頼みに行ったとのこと。それを表しているのだと思われます。

ちなみに青龍が丁神を帯びる時は飛躍のことがあると古書にあります。

裁判占

原則、裁判は、干上神（一課）を原告とし、二課を原告の弁護士または協力者とします。支上神（三課）を被告とし、四課を被告の弁護士または協力者とします。阿倍泰山先生は、四課を訴訟の状態と解説していますが、関係性はあくまで一課と三課の関係性を見ていく方が良いでしょう。

■三伝の役割

初伝は原因、中伝はプロセス、末伝は良い悪いは別として結果を意味します。

■勝ち負け

一課と三課を基本的に活用します。基本的に剋した側が勝ちやすく、剋された側が負けやすいです。また、末伝と良い十二支関係になっている方が有利です。一課と三課は、生や合（半会や支合）になった場合、話し合いや示談する方が良い傾向です。民事などの場合には、生じられたほうが有利で得をしやすい傾向です。

剋合の場合、例えば巳と申などですと、火剋金となり、和解しても、剋したほうが有利です。洩らす時には、洩らす方が損をしやすく、洩らされた方が得になりやすいです。刑、冲、破、害に剋が伴っていた場合、剋される方が損得では不利となりやすいです。この四つの関係性は、どちらにせよあまり芳しくありません。

二課と四課は、あくまで一課と二課、三課と四課を見ます。良い関係ですと、弁護士を含めて周囲の協力を得られやすく、悪い関係ですと、あまり協力を期待できません。顕著な十二天将と六神星の類神は次の通りです。

①朱雀…弁護士（しゃべると言う意味）。
②六合…仲を取り持つ人間。
③勾陳…邪魔をする人物。
④青龍や酉…お金の類神、つまり費用、後六親星の兄弟が付くと、それが付いたほうが費用的に損失しやすい傾向です。
⑤天空…無気力とか力にならないなどの意味があり、また空亡と同様に見なし、天空や空亡となっているほうが不利です。
⑥玄武…騙すとか、陰の企てなど意味します。

⑦天后…異性が（多くは女性）が絡みます。

結論として貴人、朱雀（本来凶星）、六合、青龍、太常が乗ると吉に赴きやすく、騰蛇、勾陳、白虎、玄武が乗ると凶意を誘因しやすいです。ただし、あくまで十二支関係が重要となります。

なお、本書は中級の位置付けですので、さらに上級を目指す方は中古で阿部泰山全集の購入をお勧めいたします。また初級を会得したい方は、説話社発刊の六壬神課を参考にするのがよろしいでしょう。

名誉占

名誉を得られるか否かを占います。

六壬は類神を大変重んじ「類神現れざればもちうるなかれ」と言う言葉も古書にあります。課体が吉課であっても類神が六所に（初伝、中伝、末伝、一課、三課、年命）現れず、また現れても空亡、日干・一課、・年命（占う事柄の主体を示す）との十二支関係が刑冲破害剋等の悪い関係ですと良い判断となりません。まず名利を得る所の目的の類神を求めます。

■十二天将の職業類神

・政治家、重職、社長業等、人の上に立ち指導する職業は貴人。
・自衛官、防衛に関する仕事、警察官、司法行政関係、食肉に関する仕事は螣蛇。
・文筆家、学者、教育関係、法律関係、芸能関係等、文化的な仕事は朱雀。
・技工士、ブローカー、外交官、交通関係、新聞記者、雑誌編集等に従事する仕事は六合。
・農業、工業、俗人相手の仕事は勾陳。
・銀行員、金融関係、実業家、商売等は青龍。

・サラリーマン等、仕事をし俸給を受けるのは天空。
・車両の運転に携わる仕事、車両技術者、工業関係の業務機器に携わる仕事等は白虎。
・衣食住に関わる仕事全般は太常。
・陰の仕事、看護師、才能と実力による業務、タレント等の職業は玄武。
・医者、占い師、祈祷師、宗教者等は太陰。
・水商売、女性用アクセサリーを扱う仕事、女性に関わる仕事全般等は天后。

■判断のポイント

その年の十二支、太歳は神殺の元首と言われ課伝にあらわれるのを喜びます。月将は福徳の神であらゆる凶災を解除します。三伝に類神あらわれ太歳月将の支に乗り、空亡刑沖破害せず、旺相となれば名利達すると見ます。

①名利を求めるには、官鬼があらわれるのを望みます。官鬼が三伝上神または年命や行年上神に乗じ、さらに官鬼が乗る上神十二支が地盤十二支より相生、比和、半会、支合あるいは長生、帝王(十二運)の地に座す時は名利を速やかに得られるでしょう。類神が空亡し、あるいは類神が刑沖破害剋となれば名利は得難いと判断します。

②子孫は官鬼を剋すことから失職の意味があります。名利を占って子孫があらわれるのはよろしくありません。また十二運の墓、四絶に乗る時は害はありませんが、名利を得るのに妨げがあると判断します。

③一課上神、年命行年上神が旺相し、官鬼が刑冲破害剋空亡とならず旺相する時は、名利は達すると見ます。

④類神六所にあらわれ刑冲破害空亡しなければ名利を得られると判断します。

⑤名利を得られる年月（応期）を知るには第三章第三節「応期の判断」を参考に考えますが、占う当日の十二支と類神が乗る地盤十二支との隔たりで判断することもできます。例えば丑日に占い、類神が丑に乗り、天盤丑の地盤が亥ならば、近ければ10日後、遠ければ10年後と見ます。また、月単位で求めるような場合、日支と三課天盤十二支から判断もできます。三課地神は必ず占う当日の十二支となるので、三課上神から地盤十二支との隔たりを見るのです。三課上神が午で地盤が辰ならば、10カ月後と判断します。

〈占例〉

私（久高）は2010年から2016年まで約6年ほど三井寺で奉職した後、師僧の寺へ戻りましたが、様々な経緯から本山の三井寺へ戻ることになりました。三井寺への帰山によっての変化や吉凶、名誉について占断してみました。

戊戌年　乙卯月　己酉日　癸酉時　年命：戊午　行年：丙午

元首課

兄弟	白虎	癸丑
官鬼	青龍	空卯
父母	六合	乙巳

（不備格　間伝格）

一課	二課	三課	四課
天后	玄武	玄武	白虎
酉己	亥酉	亥酉	丑亥
子孫	妻財	妻財	兄弟

まず三伝に類神の官鬼があらわれますが、空亡となりますからよろしくありません。一課の酉は子孫となり名誉占では良い判断となりません。一課酉は中伝の卯を冲し空亡を解きますが、一課は子孫です。吉凶入り乱れる形勢です（この課式は間伝格となり、進まんとして妨げある課です。本書では「課格」については触れておりませんが、さらに学習を進めたい方は関連書にてご確認ください）。課式を見ますと他の要素としては、それほど悪くもありませんが、この課式では大して出世することもないかと思われます。

しかしこれは私の価値観として、特に出世して重要な立場の人間になりたいという欲求が希薄であり、わりと自由に自分の好きなことをさせていただいていますし、それが寺の発展になれば良いと考えており、そういう意味では自分の希望は叶っております。その辺りは、三課（仕事）に玄武があり、上神亥と玄武は比和し、上神亥は地神酉から生じられ吉。一課から三課が生じられるのも良いでしょう。玄武には才能による業務の意味があり、私が得意とし長年師僧のもとで修行した成果を発揮できる仕事をさせていただけるようになりました。

年命には貴人が乗じ（年命午を地盤に探すと天盤には申：貴人）、また神殺の成神を帯び、一課と比和し三課を生じ、日干は日支を生じるのも良いです。結果を言えば、特に立身出世ということもないでしょうが、それなりに充実した日々を過ごしております。

このように、類神があらわれなかったり、刑冲破害となる時は名誉は得られませんが、他の要素が良ければ、それなりに満足な仕事ができるでしょう。

結婚占

結婚は一生に大きな影響を与えるものですから、成立するかどうかを見る以前に夫婦となることの吉凶を占うのはとても大切です。それ以外にも、男女それぞれの性情や相性、良い夫や妻になるかどうか、両家の様子や互いの事情など様々な着眼点から総合的に判断する必要があります。さらにはその吉凶もどの程度のものなのか、そしてその理由まではっきりさせないことには正しい判断が下せないかもしれません。大切なテーマゆえに単純な判断は避けたいものです。

さて、婚姻占や恋愛占など、男女関係を占う場合はすべて一課を男性、三課を女性と定めています。日干は男性であり、日支は女性です。通常は第一課を我・自分とし、第三課を彼・相手・目的とするので、この点を間違わないように注意してください。

そして、一課と三課、男・女（夫・妻）類神の状態とそれぞれの関係、四課三伝との関わり方を見て判断していきます。細かい手法は無数にありますが、ここでは伝統的かつ一般的に伝わっている方法を挙げていきます。ひとつの判断ポイントとして理解し、参考にしてください。（なお、恋愛占は結婚占と判断方法はほぼ同様ですが若干異なる点があります。今回、それについては割愛いたします）

■類神について

夫は青龍、妻は天后、夫から見た妻は六親星の妻財、妻から見た夫は官鬼とします。ふたりの仲をとりもつ仲人や媒酌人は六合とします。

■吉凶について

①相手のよしあしは、類神の状態で判断します。青龍が季節に旺相すると良い男性、天后が旺相すると良い女性です。死囚なら力がない配偶者となります。また、干上神が季節に旺相すると男性に、支上神が旺相すると女性に、気質の良さや吉要素が備わります。そして、それぞれの陰神も判断に加えます。青龍の陰神または干上神に貴人が乗ると、品格と常識を備えており、吉将（吉の十二天将）が乗るのもよい暗示です。天后の陰神または支上神に太常が乗ると、品格と常識を備えています。吉将（吉の十二天将）が乗るのもよい暗示です。

②気が合う同士か否かは干上神と支上神の五行関係で見ます。干上神が支上神を生じるか比和の関係なら男性にとって気が合う女性であり、支上神が干上神を生じるか比和の関係なら女性にとって気が合う男性となります。性情を表す十二天将や年命上神なども参考にします。

③自分にとって力になる相手かどうかは、類神の乗る十二支の関係で見ます。青龍（が乗る支）が

天后を生じるか比和の関係なら男性は女性の実際的な力になり、天后（が乗る支）が青龍を生じるか比和の関係なら女性は男性の力になるでしょう。

④互いのバックグラウンドを知ることも結婚を占う上で大事な要素になります。

・日の陰神（第二課）は男性の家や周囲、背景を示します。旺相するときは男性の家は豊かであったり良家であったり、良い背景であるとします。第一課と生、合、比和であると、男性は家庭や周囲と問題なく良い関係を築けていると見ます。

・支の陰神（第四課）は女性の家や周囲、背景です。男性の判断と同様に、旺相すると女性の背景は良好で、第三課と吉関係なら女性を取り巻く環境は良好と見ます。

・第二課は男性側の家族や周囲を表しますから、女性を示す三課上神と第二課上神の関係が凶なら、女性と男性の家族の間に何かしらの問題が起こりやすくなります。場合によっては反対されるかもしれません。具体的な状況は、第二課の六親星や十二支、類神をもとに類推できます。女性を主軸に判断する場合は第四課と一課の関係に置き換えれば良いでしょう。

⑤干上神と支上神の関係が剋、刑、冲、破、害なら良好な関係にならないと見ます。どちらかが空亡でも同じで、空亡になっている方の気が変わるとか、事情が変化するとか、誠意に欠けるなどと見たりします。青龍と天后が乗る支の関係においても同様のことが言えます。剋、刑、冲、破、害と関係が悪く、空亡であるときなどは男女関係、夫婦関係はうまくいきません。

⑥男・女の年命上神（地盤に年命の十二支を探し、その上の天盤の十二支）同士が生、合などの関係は吉となり、剋や刑などは凶となります。

■成否について

婚姻が成立するかどうかは干上神（一課）と支上神（三課）、三伝の状態や関係を中心にみていきます。特に物事の帰着点である末伝は判断の鍵になります。もちろん、類神も大切な要素です。いくつかポイントをあげましょう。

①干上神と支上神が比和で三伝と三合、支合すると成立するとし、半会するのも良い暗示です。また、干上神と支上神の関係が比和でなくても吉関係で、三伝と三合、支合、半会するのも成立の可能性が強まります。

②干上神と支上神が刑、冲、破、害であったり、青龍・天后・六合が乗る支と日干支が刑、冲、破、害だったりすると成立しにくい傾向です。

③三伝、特に末伝に吉将が乗って青龍、六合、太常があり、四課（第一課〜第四課）との十二支関係が良いと成立すると判断します。一方、初伝と末伝に白虎、天空、空亡があると成立は難しくなります。初伝に天空あるか、空亡だと嘘や事実と異なる話などによって成立しません。

④青龍・天后の乗る支と干上神や支上神が刑、冲、破、害になっていないなら、順調で良い傾向で

す。

⑤男性を占って六親星の妻財が空亡している場合、または女性を占って六親星の官鬼が空亡している場合は成立しにくくなります。

⑥日干から天后の乗る支を剋したり、天后の乗る支から日干を剋したりすると、どちらかが結婚の意志が弱いと見ます。

⑦成立の時期（応期）は、第三章第三節の「応期の判断」を参考に判断します。婚姻占の場合は男性は青龍の陰神の十二支、女性は天后の陰神の十二支が応期を示すことがあります。初伝は始まり、中伝は経過状況、末伝は結末という具合に三伝は流れや動きを表し、それぞれの十二支が時期を示します。例えば丑なら、丑の年、月、日という具合です。しかし、占う時点での状況や進展レベルなどはケースバイケースでしょうから、それに応じて時期の近遠を考慮しつつ判断すると良いでしょう。駅馬や丁神、空亡などは、案外重要な変化を表したりするので、見逃せません。

■相手の外見や雰囲気

外見や容貌、雰囲気は、男性なら干上神、女性なら支上神の十二天将星からうかがい知ることができます。古くは勾陳なら容貌が悪いとか、騰蛇は慢性疾患を持つ人とか顔が赤いなどと書かれていますが、現代においては時代に合わせた解釈する必要があるでしょう。もちろん、旺相しているか否か、どの十二支に乗っているかなどでニュアンスも変わってきますから、それらの点も考慮して総合判断します。一例をあげましょう。

貴人…美しい、落ち着いていて気品がある、信頼できる、誠実でまっすぐ。
騰蛇…ずる賢い雰囲気、こだわりが強そう、どこなく暗い。
朱雀…落ち着かない、性急、よく話す、目立つ、派手。
六合…おおらか、平和的、人から好かれる雰囲気。
　友好的、ソフトな中にも頼もしさがある。
勾陳…あか抜けない、あまり美しくはない、鈍い、動作が遅い、背が低い。
青龍…美しい、スマート、すっきりした印象、スタイルがいい。
天空…不格好、太っていやしい感じ、清潔感がない、見識が狭い。
白虎…美しくはない、冷たい感じ、神経質で攻撃的、厳しい雰囲気。
太常…心が広くおおらか、ゆとりのある雰囲気、明るく朗らか。
玄武…気が小さい、陰気、縮こまった感じ、はっきりしない。
　何を考えているかわからない雰囲気。

太陰…上品で美しい、優雅、趣味がいい感じ、静かな雰囲気。
天后…美しい、温厚でやさしい、色気がある。

■相手の性情

性情は年命上神の五行と十二天将の吉凶によって判断します。一例をあげましょう。

五行が木で吉将…やさしくて思いやりが深い、誠実、まっすぐな性質。
五行が木で凶将…傲慢、頑固、しつこい、人の意見を聞かない。
五行が火で吉将…実直、表裏がない、美学を持っている、性急。
五行が火で凶将…怒りっぽい、暴力的なところがある、反省しない。
五行が土で吉将…温厚、軽はずみなことをしない。
　行いが正しく人のために努力できる。
五行が土で凶将…我が強い、愚鈍、恥知らずで厚かましい。
五行が金で吉将…思い切りがよい、義理堅い、人情味がある。
　はっきりしている、意志が強い。
五行が金で凶将…情け容赦がない、冷酷な面がある、欲深い。

五行が水で吉将…賢い、才能が豊か。
五行が水で凶将…気分の浮沈が激しい、気が変わりやすい、軽薄、嘘が多い。

女性の性情について古書では他に、女性の年命上神が日干の財神にあたり、貴人、太常、日徳（神殺）、支徳（神殺）にあたると良いとされています。また、女性の年命上神が子で、玄武、太陰、桃花（神殺）が乗ると性的に乱れる性質や傾向があるといわれています。

■仲人の吉凶

中伝は仲人を示します。もし、仲人や媒酌人のことを占って中伝の十二支が囚死の地に陥っていたり、空亡にあたっていたり、凶将の天空が乗っていたりすると、うまいことを言うだけで中身が伴わない無力な人であるとか、信用が置けない人とみなします。

■その他

・干上神に天后、支上神に六合が乗っていると恋愛結婚となる可能性があります。
・六壬課式の四課を導き出すための「寄宮」の十二支と支上神が同じなら男性が女性の家に身を寄せ（入婿）、日支と干上神の十二支が同じなら女性が男性の家に身を寄せます（入嫁）。

・子が地盤の申に加わり（子申の天地盤）、酉が地盤の寅に加わって（酉寅の天地盤）三伝にあるときは、男性は複数の女性と関係がある可能性があります。同様に、申が地盤の子に加わり、寅が地盤の戌に加わる場合は、女性が複数の男性と関わっている可能性を示します。巳亥が相加わって初伝にあるときは、男女ともに心が定まりません。

・子供ができるかどうかについては、年命の十二支と六合の乗る十二支の五行関係が相生なら問題は少なく、相剋なら問題が多いという暗示になります。あくまでひとつの目安として考えると良いでしょう。

・支上神や三伝に子孫が見られると、結婚以前に子供を授かるなど子供に関する事柄があります。

病気占

病気を見る場合は気をつけなければなりません。我々占い業をする者は医療従事者ではないので、うかつに病気の判断や、まして病名など指摘してはなりません。薬事法がありますから、単に健康運として考えるべきでしょう。ただし自己占などの場合には、自己責任として考察して良いと思います。六壬を活用する場合には、まず病証（漢方的概念）を第一とし、第二に医薬を論じ、第三にプロセスを見ていきます。

■病証

まず概念として、日干（一課）を病人とし、日支（三課）を病気とします。この五行関係の相生、相剋を見て、日支から日干を剋すと悪いと見るのですが、このような判断法はあくまでも刺身の〝つま〟程度の判断です。まず病証が大切です。

第三課を考察します。

①子の場合
腎臓関連。天后乗れば、男性は腎虚（精気がない）、女性は血流、血不足、つまり貧血気味。
②丑の場合
身体に病気が、たとえ病証が消えたようでも、後遺症や副次的症状が残りやすいです。貴人が乗ると、腰や腿を痛めたり、つるような症状が出やすいです。
③寅の場合
眼病、腹膜炎。青龍が乗ると、肝臓や胃の病気に注意。
④卯の場合
胸部、呼吸器、脇腹。炎症性（病いの勢いが強い）高熱が続くと危険。六合が乗ると、筋肉や骨の痛みが出る場合がある。
⑤辰の場合
脳梗塞や脳出血、気力がなくなる。勾陳が乗ると、咽喉に関する病気、腫れ物。
⑥巳の場合
歯に関する病、血便や血痰は注意。騰蛇が乗ると、頭部の病気、顔面のでき物。
⑦午の場合
心臓、循環器、眼病。病いの勢いが強い。朱雀が乗ると、下痢症状、発熱注意。

⑧未の場合

特に胃腸症状がある人は注意。太常が乗ると貧血になりやすい。

⑨申の場合

男性は口腔の病気、女性は妊娠していたら安静が良いでしょう。白虎が乗ると、腫れ物、骨髄や骨の病気。

⑩酉の場合

喘息、気管支、肺。太陰が乗ると脾臓や肺には特に注意。

⑪戌の場合

腹部の病気、脾臓、胃腸。天空が乗ると、日常生活に支障をきたす時がある（歩行に支障など）。

⑫亥の場合

体内の熱感、体熱《ほてり》、気分のふさぎ。玄武乗ると涙腺、眼病。

■帰穴について

これは、東洋医学的概念です。五行に対応しています。

亥、子は、腎臓経。

巳、午は、心臓経（心包経とも呼称）。

寅、卯は、肝臓経（肝経とも呼称）。
申、酉は、肺臓（肺経とも呼称）。
辰、戌、丑は、脾臓経（脾経とも呼称）。

■病気の原因

依頼者または本人を示す干上神、つまり一課に乗る十二天将でもって類推します。

①貴人…心労、ストレス、精神的要因。
②騰蛇…恐れたり、驚いたり、心配することが原因。
③朱雀…口舌問題、煩悶、他との争いが病を誘因する。
④六合…原文には、喜び事が原因とありますが、それはあり得ないので、喜怒哀楽が病を誘因すると考えます。
⑤勾陳…情緒の不安定、男女の情緒の行き違いが原因。
⑥青龍…商売や仕事のストレス、時として色事が原因。
⑦天空…欺かれる、妄想、気虚（体力や気力がない）が原因。
⑧白虎…感染や流行り病。

⑨太常…食べ過ぎ、酒の飲み過ぎが原因。
⑩玄武…神仏の間違った祭り方、何かに対する恐怖。
⑪太陰…原因がなかなか分かりにくい、本人しか分からない私的原因。
⑫天后…酒色が原因であることが多い。

これら原因については、やや現代においては、古色蒼然な感じがします。参考程度にとどめてください。本来、中医学的区分けである、熱寒・実虚・燥湿・昇降、そして、六因理論である、風邪・火邪・湿邪・燥邪・寒邪・暑邪による理論を入れたかったのですが、私（東海林）の力不足により、今回は諦めました。今後の研究課題とします。

■内科的措置か、外科的要素か

これは現在かなり問題を含んでいます。本書は、故阿部泰山先生の著作や、私の個人所有の講義録から起こしていますが、書かれた当時と現在の医学の進歩はかなり違います。あくまでも盲信なさらずに参考程度にとどめてください。

【定義】

算出した天地盤を活用します。白虎に着目します。天盤に乗った白虎が地盤において巳より戌までの場合には外科的要素の可能性高く、亥より辰までの場合には内科的要素の可能性高いと言われています。

■医神の求め方

この説明は難解に感じられるかもしれません。このような技法もあるんだなと言う感じで、難解に感じる方はスルーなさってください。

【定義】

男性の場合

本人や鑑定依頼者を問わず、病人の行年（数え年）の支に、例えば午とすると、地盤に午を置きます。天盤に辰を加えて天地盤を作り、寅の天盤寅の下の地盤辰が医神となります。辰の方位に医師を訪ねたり、薬局などを訪れるのです。

女性の場合

本人や鑑定依頼者を問わず、病人の行年（数え年）の支に、例えば午とすると、地盤に午を置き、同様に天盤に辰を加えて天地盤を作ります。女性の場合は天盤申の下の戌が医神となります。戌の方位に医師を訪ねたり、薬局などを訪れるのです。

※私（東海林）は現在あまり、この方位を用いておりません。どちらかと言うと、奇門遁甲を併用しています。

■医神による治療法

あくまで東洋的概念による治療法です。

・木・土の場合…エキス剤か丸薬。ハーブなど。

・水の場合………水薬、煎じ薬、温泉治療法など。

・火の場合………お灸など。

・金の場合………針治療など。

医神算出が難しい時には、第三課つまり支上神が病症ですから、これを剋す五行を採用しても構いません。

■死生訣

これはみだりに活用してはなりません。

・干上神が日支を剋すと、わりあい治癒しやすい。

・支上神が日干を剋すと、やや治癒しづらく長引く傾向です。

・白虎が干上神または支上神に乗り日干を剋すと、治癒しづらい。

・天盤いずれかの白虎の支が日干を剋す場合、干上神の支が白虎の支を剋せば、治癒しやすい。

・白虎が日を剋しても、白虎の陰神より白虎の支を剋せば、病いは治癒しやすい。

・死期について、病状がかんばしくない時には、占う日の絶神にあたる支を地盤に求め、その上の天盤支で類推します。年、月、日は常識に当てはめる。

・病が治癒可能と判断した場合、日干より先んじる干により知ります。例えば、壬の日に鑑定したら、生ずる甲か乙の月日に治癒しやすい。

来訪占

日を自分とし、支を相手とします。細かく申せば、その日における日干支の上下の五行の相生、相剋、比和を考察するのです。ただしこの方法は、判断においては主役ではありません。干上神（一課）と支上神（三課）の関係をつぶさに見ていくのです。一課が空亡する場合、自分は訪問しないか、乗り気にならないです。三課が空亡する場合は、相手と面談しづらいか、相手にその気がないことが多いです。様々な占技（テクニック）をご紹介しましょう。

①日支より日干を生じる時…………面談や訪問は吉を誘因しやすい。
②日支より日干を剋す場合…………面談や訪問は有利になりません。
③初伝と訪問する方位が支合する…吉凶は別として、面談が可能とする。
・３６０度ですから、各十二支はひとつ約30度となります。
・剋合は、何とかなりますが苦労を伴います。
④三課未、一課亥も吉凶はともかく面談可能です。

■貴人について

①貴人と一課、三課が良い十二支関係になっていると、面談後、わりあい吉を誘因します。

②貴人と一課、三課が悪い十二支関係になっているか、いずれかが空亡したりすると、どちらかが腹を立ててしまいがちです。

この関係は、四課、三伝とは限らず、天盤貴人のある十二支との関係を見てまいります。

さらに違う観点から考察してみましょう。貴人という星に着目します。貴人にはもともと、良い謁見《えっけん》という意味合いがあります。この貴人がどの十二支に乗るかで判断の一助とします。

・子に乗る場合…面会可能。
・丑に乗る場合…相手はなかなか出て来ない。
・寅に乗る場合…面会可能。
・卯に乗る場合…他に外出している可能性。
・辰に乗る場合…相手は気力がないか病気の可能性。
・巳に乗る場合…外出中か、明日は会える可能性。
・午に乗る場合…待たされる可能性。

・未に乗る場合…酒食しながら面会。
・申に乗る場合…不在か相手は遠出。
・酉に乗る場合…途中で会うか、居宅の可能性。
・戌に乗る場合…不在。
・亥に乗る場合…面会可能。

以上の方法は、現代ではあまり活用できないでしょう。携帯電話がありますから。

【補足】
伏吟課または陰干支に占う昴星課の場合、ほとんど会見可能と言われています。また、阿部泰山全集では、天地盤と書いてありますが、地盤に乗ると言う言葉は、通常六壬では使いません。地盤上神と言っています。間違いを正しておきます。

失物占

失くした物の在りかを占う、これは様々な占術があります。雑占に属する六壬占の得意とするところですが、簡単ではありません。これは自分が失くした物であれば、最後にいつ使用したのか、どこで失くした可能性が高いか等の情報がありますから、判断しやすいです。依頼者についてよく知っている相手なのかよく知らない相手なのかによっても判断の難易度は変わります。それはその人物の性格やその物の使用法や普段どこに置いているか等から課式と現実との結びつけがしやすく、象徴を読み取りその物の在りかを推測しやすいからです。

これは失せ物占に限らずあらゆる判断に言えますが、占う前に依頼者の現状の情報をできる限り詳細に聞き取る必要があります。その情報如何で、未来に起こりうる事象の推移を課式から読み取る精度が上がります。ですから、まずは失くした状況を詳細に聞き取ることが重要です。

■失物占のポイント

日干を自分あるいは依頼者とし、日支を他人とします。紛失物は類神をもってみます。

①類神を課式内に探します。まず類神の選定ですが、六親、十二天将、十二支の象意から選び出します。類神が課式内にあり、玄武がなく、空亡もなければ、類神の陰神上神あるいは十二天将が失せ物の在りかの方位や場所を示します。また初伝の十二天将が在りかの場所を象徴することがあります。

②状況によりますが、類神があらわれず、玄武が課式内にあらわれる時は盗難の恐れがあります。卯～申に玄武に乗れば日中に、酉～寅に乗れば夜に盗まれていると判断します。玄武が盗難の類神であることから古書には多く見られますが、盗難の可能性のある高級品や場所的な問題など考慮する必要があります。実際、遺失を占って玄武があらわれることはままありますが、盗難であったケースは未だありません。これはその書が著された時代背景を考慮する必要があります。常識的な判断から盗難である可能性が高いと判断される場合、警察へ通報し、盗難であることが捜査によって確実とされたならば、盗難占として占断するのが適切でしょう。

③類神があらわれ空亡するか、または三伝、三課四課に空亡多数見られる時は紛失物は出てこないでしょう。また類神と日干、一課天盤と十二支関係が悪いと、見つかっても壊れている等、使い物にならなくなっている可能性があります。

④一課に太陰が乗じれば　時間をかけて探せば見つかるでしょう。

⑤太陰、六合と類神が三合支へする時は探せば見つかるでしょう。

⑥類神が長生、墓神となる時は必ず見つかります。
⑦類神が一課三課及び本命に乗れば紛失したのでありません。置き忘れの可能性があります。通常置いてある場所をよく探せば見つかるでしょう。
⑧貴人順行すれば、見つかりやすいでしょう。貴人が逆行ならば、見つかりにくいでしょう。
⑨類神が三伝にあれば見つけやすいです。
⑩類神と一課が相生、支合、半会であれば見つけやすく、また一課または日干よりの剋も見つけやすいです。

失物占はなかなか形通りには行きませんので、これを参考に課式全体を俯瞰して六親・十二天将・十二支等の象意に通じ、自在に活用できるように練習してください。

〈占例〉

師僧より、祈祷札に押す判子の所在を占うように頼まれて立課しました。

庚子年　壬午月　丁酉日　戊申時　月将　未　年命：丁酉　行年：己巳

遥剋課

妻財	玄武	丙申
子孫	太常	乙未
兄弟	白虎	甲午

（弾射課）

一課	白虎	午丁	兄弟
二課	天空	巳午	兄弟
三課	玄武	申酉	妻財
四課	太常	未申	子孫

まず課式の中に類神があらわれているかを見ます。仕事で使う道具ですから初伝の妻財を類神として判断していきます。私（久高）は師僧についてお寺で内弟子として長いこと生活していたので、祈祷札の判子押もしていましたし、判子が普段置いてある場所も知っておりました。それは師僧が普段仕事をしている部屋の押し入れの中にしまってあり、お札の判押しもその部屋でしていました。

類神は初伝にあらわれているので距離的に近いと判断し、また貴人順行、類神は初伝にあり一課と日干は初伝の類神を剋し、見つけやすいと見ます。初伝に類神があることから本来あるべき場所から動いていないのではないかと推測しました。初伝の玄武は暗い場所を示し、類神の妻財・玄武は申に乗り、陰神は太常の未・申です。師僧の仕事部屋の未申（西南）の方位はまさに祈祷札の判子を収納している押し入れがある場所です。

末伝が初伝を剋し、一課日干は火剋金と類神が乗る天盤支を剋しますから、「ライトで押し入れを照らして、よくよく探せば見つかると思います」とお伝えしました。その数分後に見つかったとの報告をいただきました。

旅行占

現代の治安の良い日本国内を旅行するにおいて、移動中に賊に襲われる可能性はないとは言えませんが、確率としては低いと思われます。しかし、海外旅行となれば、その国によっての治安レベルの違いもあり、生死に関わるような事件に巻き込まれる可能性もありえるでしょう。

六壬で旅行を占うにあたって、その時々の天候などの自然状況や旅行先の治安の危険度を考慮して課式を判断していく必要があります。つまり、同じ出行を占うにしても、天候の良い日に出かけるのと、台風接近中に出かける、安全な日本国内とテロリストが跋扈するような土地に行くのとでは、同じ課式が出たとしても判断が違ってきます。交通手段によっても違ってくるでしょう。例えば飛行機での移動となれば、事故に見舞われれば生死に関わる可能性が高く、その時に占った課式に生死に関わるような象徴が見られれば、旅行を取りやめた方が賢明でしょう。

■占断のポイント

①日干を旅行者とし、日支を旅行の目的とします。日干支が相生となれば、おおむね楽しい旅行となるでしょう。相剋であれば、何らかの障害や面白くない出来事があります。その吉凶の大小は

四課三伝より推察します。
②初伝に官鬼や白虎、騰蛇等の凶将が乗り、占時と初伝上神の十二支関係、あるいは日干と初伝上神の関係が刑冲破害となる時は、出発時にトラブルの可能性があります。初伝の天盤上神と地盤地支との関係、天盤上神と十二天将星との関係により吉凶の軽重を見ます。また初伝が空亡、天空であれば、旅行の中止、忘れ物、道に迷うことがあります。
③一課を旅行者、三課を旅行、またその目的とします。一課と三課が相生、支合、半会の吉の十二支関係ならば、旅行の目的を達します。一課より三課の剋は悪くありません。一課が三課より剋されると旅行の目的は達することができません。一課と三課が刑冲破害となった場合も同様に判断します。一課と三課が空亡した場合、旅行の中止になる可能性があります。一課空亡の時は旅行自体に乗り気ではない様子を示します。三課空亡の場合、自分の意思と関係なく何らかの他動的事情で中止になることがあります。
一課、三課、年命に貴人、青龍、天后、六合、太陰、太常の吉将、日禄、日徳、天喜、生気等の神殺が乗ると楽しく充実した時間が過ごせます。これら十二神将星が乗る天盤上神との五行の関係が比和相生、天盤上神と地盤地神との比和、相生、支合、半会の吉関係であれば吉意を増します。その起こる出来事の象意は、各十二神将星の象意をご確認ください。
④どの占断においても言えますが、騰蛇、白虎等の凶将があらわれても天盤上神との五行の関係が

吉であれば、いたずらに恐れる必要はありません。地盤地神から見て天盤上神が吉の関係であればさらに良いです。官鬼も課式内に子孫爻があればこれを制します。しかし全く凶作用を抑えられるとも限らず、極小さなトラブルは気を付ける必要があります。

⑤父母爻、卯は車の類神、白虎は道路の類神、官鬼、騰蛇はトラブルの類神、玄武は盗難の類神、これらの類神と日干（旅行者）一課（旅行者）との関係に注意します。これらの類神と天盤上神とが凶の関係性となり、空亡せず力量十分で、日干（旅行者）一課（旅行者）と刑冲破害剋となる時は、玄武は盗難事件、その他は交通事故や事件に巻き込まれる可能性を示しています。

例えばコロナ禍の中での出行のような場合は、特に感染に関しての判断の必要があります。病気の類神の白虎に注意します。白虎が課式内にあらわれ、天盤上神と剋となり、地盤地神と刑冲破害剋となり、また日干を剋する時は大変危険であると見ます。また官鬼も同様に判断します。白虎は日干、一課、年命からの剋、あるいは陰神の剋により制し、官鬼は課式内の子孫により制せます。

家出人占

家出人、つまり出て行ったきり帰ってこない人の行方の占的は、いずれも四課三伝とそこにあらわれる類神をつぶさに見て判断します。一課を我、三課を彼とし、一課は自分・占いを依頼する人、三課は相手・家出人と設定します。二課と四課はそれぞれの背景などとします。そして類神、日干・日支の上神それぞれの状態と関係、三伝などに着眼して総合的に吉凶の判断をします。

■家出人

類神をもとに、出て行った人がどこへ向かったか、その方角や方面を探ります。伝統的な方法では、出て行って3日以内なら目上の人を日徳（神殺）とし、目下の人を日支の刑にあたる十二支として、その下（地盤）の十二支の方角を訪ねれば見つかるとされます。

例えば、甲子日に占ったとすると、目上の人の場合は日徳が寅になるので天盤：寅の下の十二支の方角を訪ね、目下の人の場合は日支：子にとって刑にあたる天盤卯の下の十二支の方角を訪ねれば良いのです。3日以上なら、類神を本人として、その下（地盤）の十二支の方角を訪ねます。

類神は、家出した人物に該当する象意を持つものを選びます。一例をあげましょう。

・目上、立場が上である人…太常　・父親…………日徳
・母親…天后　・兄弟、友人…六合
・妻……子　・孫…………亥
・姉妹…太陰
・雇人…朱雀、男性は戌、女性は酉

以上は伝統的に用いられている類神ですが、文献により多少違いがあるようです。六親星やその他の十二支、十二天将を用いてもよいでしょう。一例をあげておきます。

【六親星と十二支の類神の例】
・兄弟…友人、知人、兄弟
・子孫…子供、孫、ペット
・妻財…妻、深い関係の異性（女性）、大切な財産を持って家を出た特定の人
・官鬼…夫、深い関係の異性（男性）
・父母…父母、祖父母、上司、目上の人

【十二支の類神の例】

子は女性・妻、寅は夫・家長、卯は長子、巳は長女・友人、未は妹・父母・姑、酉は姉、亥は孫など。

また、居場所についても様々な占断方法がありますが、類神の下の地盤の十二支を方角とし、その支に乗っている十二天将で居場所や留まっている場所の特徴を推しはかるという方法があります。さらに旺相、死囚、空亡などの状態でそのニュアンスを推測することも可能でしょう。例えば、類神の下が亥で、天盤亥に乗るのが太陰なら、亥の方角（西北）の静かな所・女性の所・公にされていない密かな所（太陰）などとイメージできます。

■その他

・一課と三課の関係において、干上神と支上神が刑・冲・破・害だと戻りたくない事情があり、空亡なら見当違いや何らかの誤解があります。

・支上神と三伝末伝の関係が刑・冲・破・害だと帰ってこない可能性が高まります。末伝空亡も同様です。十二天将の六凶神が付くと、象意に関連した危険が伴い、官鬼も危険があります。この場合、支上神に子孫が付くと危険の度合いが軽減されます。

・丁神を得れば遠くに行く・動く暗示であり、丁神と駅馬が付くと遠くに逃げていきます。駅馬が冲に合うと激しく移動し、居所が定まりません。

・空亡は事情に何らかの変更がある可能性を示します。

・類神が表れていないなら、所在がつかみにくいとか、なかなか戻ってこない可能性があります。

・知一課、伏吟課は近く、返吟課は遠く、三伝逆行（例：戌申酉など）および十二天将逆行は戻る暗示のひとつです。

・類神が干上神に乗ると第三者が連れてきて、支神上に乗ると自ら帰ってきます。

・初伝が日徳または干上神と支上神が三合、支合するなら、自ら帰ってくるひとつの暗示となります。

その他、吉凶や状況の特徴的な暗示をさまざまに見出し、それらを組み合わせて総合的に判断してください。

霊祟占

現代社会において、この課題に触れるのはいかがなものかと言う気持ちはありますが、わりあい長く鑑定業務に携わっていると理性ではなかなか割りきれない現象が存在します。一概に否定せず、なんでもかんでも全て祟りにすることは論外ですが、私（東海林）は時に耳にするこの手の現象は、あくまでも我々が五感で知覚できにくい単なる自然現象だと思っています。私は極端なオカルト主義者でもないし、世間で流行っている宇宙からの交信も聞こえないし、スピリチュアルに極端に傾倒しているわけでもありません。あくまでリアリストな占い師だと思っています。

数十年前に、関西の方が書かれた六壬の書籍に、祟りの原因は干上神つまり一課と三課の関係で探り、二課と四課でその解決方法を見いだすと書かれていたのを記憶しています。数十年たちましたが、その著者の方に一度お目にかかることができないかとインターネットなどで調べましたがヒットせず、今にいたっています。

以前二冊の書籍に書いたものとはやや違う角度から説明いたします。割合簡単なやり方です。正式名は、怪異正断と呼んでいます。

■方法

①まず地盤の子の位置を見ます。地盤：子の同位置にある天盤の十二支に着目します。その十二支と、干上神と相生となれば、憂いは少なく、補足として、占った日の十二支と相生したら、ほとんど心配ありません。両方相剋はやや心配です。又その場合、凶的十二天将や官鬼があると問題が起きやすく、四課に螣蛇が四課に乗ると、その可能性が高くなります。霊的存在は時間と空間がないので、私はあまり三伝は重視しません。

②ここで少し違う角度から考察して見ます。これは悪夢を見た時などにも応用可能です。まず本命（生まれた年の十二支）を地盤で探します。同位置の天盤に吉の十二天将が乗るのが好ましく、六親星が子孫となるとさらに良いです。凶の十二天将が乗り、官鬼が付くのは、あまり良いと言えません。また行年と言って、数え年の十二支も同様な定義となり、同じように判断してまいります。両方悪い場合は要注意です。また、天盤と地盤が相生になる場合、自分自身にはあまり凶害が及ばないと言われています。天地が剋となり、天盤に、辰、戌、巳、寅を見ると、怪異がある可能性が高くなります。あとその日の干支を補足として見るのです。日干は自分自身、日支を身内とします。あまり剋を喜びません。（阿部泰山先生の書籍において、この部分に若干文章上の勘違いがあります）

では、不可思議な現象について、十二天将星の角度から類推してみます。

・貴人
神仏などの神社仏閣の守護（条件良い場合）、水神や樹木の精霊（条件悪いと障ります）。

・騰蛇
土地が悪い。特に怪異、古妖怪、火地の十二支に乗ると、焼死した霊の障り、その土地にあった土公神の障り。事故や殺傷で死んだ人の障り、無縁仏などの頼り仏。

・朱雀
台所を不浄にする災い（風水的に健康に悪い）。昔なら三方荒神の怒り、呪詛や生霊障りを受けている。

・六合
ほとんど心配ありませんが、条件悪い場合、男女関係における想念、ひどい場合、生霊を飛ばされていることがあります。

・勾陳
荒神の怒り、丘、山を汚した災い。土地の障り。

・青龍
狐、タヌキ妖怪の類、埋葬における災い。天空。

刃傷沙汰の災い、視覚できない場所での音。

・白虎

ライバルからの呪詛、地縛霊、戦死して無念な仏。供養を願っている。障り、妖怪変化の類すべて、病は祈祷、供養で軽減（治療はきちんとしてください）、喪服を着る、成仏しない霊体、獄に無実で繋がれた人間の恨み、殺傷因縁の障り、子供を殺められた恨み。

・太常

酒色に溺れて早死にした人間、失意のうちに亡くなった人の怨念、金銭的に苦しんだ浮かばれない霊体。

・玄武

騙されて失意で亡くなった人、投獄の因縁、水神の災い。トイレを不浄にして健康を害する。

・太陰

女性の生霊、酷い目に遭った女性の生霊か死んだ女性の障り。

・天后

色情因縁、妻や愛人とのいさかい。

願望占

人が生きるに上おいて様々な願望があるわけですが、どの占的で占ったら良いか分からない場合や、他の占的に当てはまらない事柄を占う場合はこちらで判断すると良いでしょう。

■成否を見る

願望占は、願い事全般を占う対象とするわけですが、六壬の基本を身につけていれば様々な占断が可能です。まず、占う対象に適した類神を課式から探します。例えば財について占うのであれば〝妻財〟を類神とします。類神があらわれない場合は吉課であっても成就しないと判断します。どの類神を選定したらよいかは、十二神将、六親の象意から推察してください。

・一課・三課の天盤十二支が地盤十二支と旺相となり、一課・三課の天盤同士が相生、支合、半会の関係であり、刑冲破害とならず、初伝に吉神、吉将が乗じ空亡とならず、または年命上神と類神とが相生、支合、半会の関係であれば成就すると見ます。

・一課・三課の天盤十二支が相互に刑冲破害となり相合とならず、さらに初伝と一課とが刑冲破害となるか初伝に墓神があり凶将や凶神が乗り、年命天盤が一課天盤を剋し、初伝が末伝を剋する時は目的を達成できないと判断します。

・一課と三課の関係が良くても、日干が三伝から剋される、または初伝が末伝を剋する時は成就が難しいでしょう。ただし、現在の状況が悪い時にその災いの解消を占って、末伝が初伝を剋するのは吉と判断します。

・初伝に日徳が付いて一課と支合半会するか、または吉神吉将（吉の十二天将、吉の神殺、日徳、日録等）が乗れば、一課と三課上神の関係が悪くても目的は叶うと判断します。

■ポイント

①類神を六所（初伝、中伝、末伝、一課、三課、年命）に探す。

②類神が空亡していないか。

③初伝と一課・三課天盤支は、地盤との十二支関係が吉の関係であるか。十二天将と天盤十二支は相生比和であるか。また空亡していないか。

④日干と三伝、日干と一課・三課上神は相生比和であるか。

⑤類神と日干、類神と一課、類神と年命との関係は吉の関係となっているか。

⑥日徳、日禄、成神、天喜等の神殺が六所にあれば吉意を増す。

以上の要件のうち①②の条件を満たさない場合、つまり類神がない、類神が空亡している場合なら目的は達せないでしょう。③～⑥の要件を満たす場合は願望成就の可能性が高いでしょう。

占例で解説いたします。

〈占例〉

品薄のビデオゲーム機の予約抽選に当選するか否か？　これは複数の店舗で予約抽選を申し込んでみて、不当選と当選の課式の違いが分かればと思い、複数の店に申し込んでみました。

（A店）庚子年　戊子月　乙未日　甲申時　年命：戊午　行年：戊申

返吟課

戊戌　朱雀　妻財
空辰　太常　妻財
戊戌　朱雀　妻財

一課　朱雀　戌乙　妻財
二課　太常　辰戌　妻財
三課　青龍　丑未　妻財
四課　天后　未丑　妻財

まず類神をどのように選定するか？　この場合、目的の品は電化製品ですから〝白虎〟か〝申〟とすると、課式に現れていません。結果を言いますと当選しませんでした。

（B店）庚子年　戊子月　丙午日　乙未時　年命：戊午　行年：戊申

一課	朱雀	亥丙	官鬼
二課	太常	巳亥	兄弟
三課	六合	子午	官鬼
四課	玄武	午子	兄弟

返吟課

兄弟	玄武	丙午
官鬼	六合	壬子
兄弟	玄武	丙午

こちらも類神が現れません。結果は不当選。

（C店）庚子年　己丑月　壬戌日　戊申時　年命：戊午　行年：己酉

渉害課

官鬼	天后	丙辰
父母	天空	辛酉
子孫	騰蛇	甲寅

一課	天后	辰壬	官鬼
二課	天空	酉辰	父母
三課	貴人	卯戌	子孫
四課	白虎	申卯	父母

これは四課に類神白虎・申が現れますが、六所ではありませんから類神として採用できません。結果は不当選。

（D店）庚子年　己丑月　甲子日　辛未時　月将：丑　年命：戊午　行年：己酉

返吟課

丙寅	白虎	兄弟
壬申	騰蛇	官鬼
丙寅	白虎	兄弟

一課	騰蛇	申甲	官鬼
二課	白虎	寅申	兄弟
三課	天后	午子	子孫
四課	青龍	子午	父母

当選の可能性があると判断します。課体は悪いですが、類神の白虎・寅が年命上神：子と相生となり、青龍が年命に乗じ、中伝：申は年命上神：子を生じます。また、初伝と末伝の寅に日徳・日禄を帯びて吉。年命上神：子は太歳を帯びて日干を生じることから、可能性ありと判断します。

占的担当

東海林―裁判占　病気占　来訪占　霊祟占

久　高―財運占　名誉占　失物占　旅行占　願望占

浜　田―結婚占　家出人占

第五章　占例集

六壬課式に親しみ、課式を読み解く力をつけるためには日常の様々な出来事を占ってみることが大切です。そして、それが最も上達するのに適した学習法であると確信しています。些細なことでも取り敢えず課式を立て、記録に残し、後々その出来事の結果と判断を照らし合わせ、何故そのようになったのかの答え合わせをすることで、課式を読み解く力が身についていきます。

初心の段階では、占的によって例えば願望占、失物占、結婚占、求職占等、その問題によって適した型枠にはめ込んで占っていくのですが、場合によってはどの型枠にもはまらないものを判断しなければならないことに直面します。

その一つの段階を突破するには、課式内の類神の有無と四課三伝内の関係、十干十二支の象意、力量や関係性、六親星や十二天将の象意、年命、行年等、これらに通暁し、縦横無尽に活用できるように訓練しなければなりません。それには、やはり日常から課式を立て、判断する習慣を身につけることがとても有効です。

この占例集が皆様の六壬修学の参考になれば幸いです。

失せ物

医院にて松葉杖を借りる。借用の際に保証金を医院に納めた。その保証金の返還のために手渡された借用書を提出しなければならないが、見当たらない。どこに書類があるかを占う。

庚子年　丁亥月　甲戌日　壬申時
月将：寅　年命：戊午　行年：戊申　空亡：申酉

（返吟課）

戊	寅	白虎	兄弟
空	申	騰蛇	官鬼
戊	寅	白虎	兄弟

六合	玄武	白虎	騰蛇
戌	辰	寅	申（空）
辰	戌	申	甲（寅）
妻財	妻財	兄弟	官鬼

課式は三伝初伝地盤空亡し中伝天盤空亡、末伝はまた地盤空亡となり、一見して失せ物は出てこないように思えます。病院へ行った時に着ていたジャケットのポケットやカバンを探しましたが見当たりません。これはもう出てこないであろうとあきらめました。しかし、数日後に再び探してみると普段使用している自室のデスクの上、パソコンと液晶モニターの付近で発見しました。

再度課式を検証してみます。三課が玄武です。失物占の場合、三課に玄武が現れるのは、盗難の可能性を示すこともありますが、この場合まず盗難の可能性はありません。一課が空亡するのは当人がどこかに置いたのを忘れていることを暗示しています。初伝、末伝、二課に文書の類神である寅が見えます。類神の寅は申に座します。申は金性ですので、また神将も金性の白虎であることから、金属製の物の付近にあると見てとれます。そして課体は返吟課。この課は何事も反対の結果となる傾向があります。失敗、損失、憂い事等を占ってこの課を得た場合、かえって良い結果を得られると言います。課式に空亡が多く、出てこないように思えましたが、この如く結果が出てみてから課式を読み直し検証するのも六壬の上達に有益であるので、課式は記録して残しておき、後々結果と照らし合わせて検証してみてください。

バイクを売却する

新たなバイクを購入したことから、所持していた旧車のバイクを売却しようと思い立ち、それに当たり高く売れるか否かを占ってみました。

庚子年　丁亥月　丁丑日　丁未時
月将：寅　年命：戊午　行年：戊申　空亡：申酉

（重審課）

父母	勾陳	卯	己
子孫	天后	戌	甲
兄弟	天空	巳	辛

六合	太陰	玄武	勾陳
寅	酉	申	卯
丁（未）	寅	丑	申
父母	妻財	妻財	父母

このバイクは95年式の古い型でありますが、現在でも人気車であり、状態の如何によっては高値での売却も可能であります。ネットで調べてみますと、この年式ですと5万円から8万円が相場のようです。可能なら10万、できるだけ高く買い取って貰いたい。

日干は我、日支は相手とし、初伝を売買の物とみます。日干丁は日支の丑を生じます。相手を益す象です。乗り物の類神である父母・卯が初伝に現れています。このような場合に類神が初伝に現れるのは良い傾向です。ですが十二神将は勾陳の凶将。初伝の卯は日干丁を生じ吉。そして卯は日支を剋します。吉凶半々と言ったところでしょうか。一課には吉将の六合、天盤寅は地盤からの剋を受けますが、六合から生じられます。三課天盤申は空亡となるものの地盤丑から生じられ、玄武を生じます。吉凶入り交じるゆえに、希望通りの金額ではないものの、納得のいく取引となるように思われます。数理を取ると、初伝の類神である父母の天地盤、卯は六、申は七であることから、67、76、あるいは7＋6＝13、単数をもとめれば勾陳の五から5万とも推測できます。高低を推測すれば、目先物は日干から三伝の旺衰をみます。三伝の卯、戌、巳と気勢強く、また三課四課の上神が初伝となるのは高いと知ります。ゆえに思いのほか高い値段で買い取ってもらえると推測します。

13万は相場から大分高い金額であるので、6万7千、7万6千のどちらかであると予測しました。結果は当初7万を提示されましたが、交渉の結果7万7千となり、予想した金額に近い結果となり満足しました。
※数理については、第四章「財運占」を参照してください。

クレジットカードの審査が通るか否か

庚子年　丙戌月　癸巳日　戊午時
月将：寅　年命：戊午　行年：戊申　空亡：午未

（重審課）

己	丑	勾陳	官鬼
丁	亥	天空	兄弟
乙	酉	太常	父母

勾陳	朱雀	太常	天空
丑	卯	酉	亥
卯	巳	亥	癸（丑）
官鬼	子孫	父母	兄弟

過去に携帯電話料金の滞納によりブラックリストに登録されたと思われる知人から、あらゆるローンが組めなくなり、約10年経過したので、試しにクレジットカードの申請をしたいが、審査に通るか否かを占って欲しい、と頼まれ占ってみました。

初伝の官鬼は三課の子孫が制し凶害なしと見ます。初伝丑は時支午から生じられ順理あり。また勾陳は凶将でありますが、地盤卯からは剋されるものの、神将勾陳は土性であり、天盤丑と比和して吉。勾陳は財産の意もあります。中伝の丁神、天空は今回のようにブラックリストに載るという凶事をみて、天空現れるのは速やかに凶事、つまりブラックリストからの解除を示しているものと考えられます。

一課亥は三課卯と三合となり吉象。一課三課ともに日干の我を益し、また年命上神に天喜（神殺）が付き、神将騰蛇と地盤午から生じられることから、クレジットの審査は通るとみました。

後日、審査に問題なく通ったとの報告を受けました。

禁煙は成功するか？

ある人物が禁煙すると言うので、禁煙が成功するかを占ってみました。

庚子年　乙酉月　壬戌日　丁未時

月将：巳　年命：戊午　行年：戊申　空亡：子丑

（元首課）

戊	午	玄武	妻財
丙	辰	天后	官鬼
甲	寅	螣蛇	子孫

玄武	白虎	太常	天空
午	申	未	酉
申	戌	酉	壬（亥）
妻財	父母	官鬼	父母

初伝、末伝は玄武と騰蛇の凶将の三合となり、中伝の官鬼は己《おのれ》を害するもの、天后は薬物の類神、これが一課の酉と合となり結び付きます。

一課酉と三課申は比和となり、課式内の十二支は三合や六合の関係性が多く、類神とは合となり禁煙は失敗するであろうと推測していました。

結果、数日後には再度喫煙者に戻ったとのこと。こういった占では冲が課式の中に必要だと思われます。

野良猫を保護したが懐くか？

私の勤めるお寺の境内に住み着いた猫が子猫を生み、1年ほど経過しました。そろそろ親離れの時期かと思い、その子猫を保護したのですが、懐いてくれるか否かを占ってみました。

己亥年　辛未月　己未日　癸酉時

月将：未　年命：戊午　行年：丁未　空亡：子丑

（八専課）

空	丑	白虎	兄弟
丁	巳	六合	父母
丁	巳	六合	父母

青龍	駅馬 六合	青龍	駅馬 六合
卯	巳	卯	巳
巳	未	巳	己（未）
官鬼	父母	官鬼	父母

まず八専課、陰日は目上と目下は反目の象でよろしくありません。課式を一見して丁神がみえ、中伝、末伝、一課、三課に駅馬があらわれ動意が激しいことが窺えます。子猫を保護し、部屋に連れ帰りましたが、部屋中を暴れまわり、一向に落ち着きません。中伝と末伝に父母、六合があらわれ、おそらく母猫との親離れがまだできていなかったのでしょう。外に出たくて仕方ない様子です。気の毒に思い逃がし、子猫は再び母猫と一緒の生活に戻りました。

この課式の構成を見た時に、何となく子猫が激しく動き回っているイメージが浮かぶと思います。

占った結果が当たる、当たらないということよりも重要なのは、課式を読めているという事実であるかと思います。そしてその占った結果をもとに、現実に即して凶事を避け、より良い選択を行うことが大事です。

六壬の本を著したい

著者は20歳の時に出家し仏道の門へと入りました。その時期から同時に六壬の勉強を始めましたから、途中占いの勉強を中断していた時期はあるものの十数年六壬の勉強を続けております。以前から六壬に関する本を書き著したいと思っておりましたが、今回、東海林秀樹先生から共著での六壬本出版のお話をいただき、その望みは叶いました。六壬の本を著すことができるか？　過去に占っておりました課式です。

戊戌年　辛未月　戊申日　辛酉時
月将：卯　年命：戊午　行年：丙午　空亡：寅卯

（返吟課）

空	寅	白虎	官鬼
戊	申	螣蛇	子孫
空	寅	白虎	官鬼

螣蛇	成神 白虎	太陰	勾陳
申	寅	巳	亥
寅	申	亥	戊（巳）
子孫	官鬼	父母	妻財

まず占時酉に朱雀が乗じます。朱雀は著作の類神です。初伝が占時酉を剋し動きがあると判断します。功名を占うに必要な官鬼と権威の神である白虎が初伝と末伝に現れるのも吉です。日干は日支を生じ、これも吉。

一課亥は初伝、末伝、三課の寅と合となり成就の象ですが空亡し実意なし。中伝の申が初伝、末伝、三課を冲し神殺成神が乗ることから申の年、行年申、あるいは申の月に動きがあると考えられます。行年に申が巡るのは2年後、正に2年後の7月申の月に東海林先生より共著での出版のお話を頂戴いたしました。

行方知れずになった子供を占う

２０１８年８月、12日午前から行方が分からなくなっていたが、15日に発見されたということがありました。12日の午前にいなくなってすでに数日が経過しており、無事を案じ占ってみました。無事

戊戌年　庚申月　己卯日　己巳時

月将：午　年命：丙申　行年：戊辰　空亡：申酉

（重審課）

庚	辰	勾陳	兄弟	
辛	巳	青龍	父母	
壬	午	天空	父母	日禄

青龍	勾陳	玄武	太常
巳	辰	酉	申
辰	卯	申	己（未）
父母	兄弟	子孫	子孫

に保護されたのは、15日であり、課式を立てた時には既に保護された後であることを後に知るわけですが、立課から1時間ほど経過した後であり、立課した時点では存知しておりませんでした。

まず、課式は重審課で吉課ではありませんが、順貴人で十二天将は順行して吉。物事の遅早見るに順貴人で、三伝は辰巳午と並ぶ進如各となり、早いと見ます。四課三伝は日干を痛める支はないものの一課二課の酉申が日干を漏らすことになり、また本命（年命）申の上神酉は空亡し、一課二課も空亡するため、衰弱していることが窺えます。しかし、申酉は旺じて気勢あり、深刻な状態ではないでしょう。課式には生命の危険を象徴するものはないので、命に別状ないことがわかります。三課を捜索する人々とすると、四課に子供の類神である巳があり吉将青龍が乗じ、また中伝にも類神、巳の刻に占っていることから既に保護されていたことを象徴していたのかもしれません。

パソコンの不具合は解消されるか？

まさに今この原稿を書いている時にパソコンのOSの不具合に見舞われました。普段パソコンをスリープの状態にすることが多いのですが、久しぶりにシャットダウンしたところOSの更新が入り、

庚子年　己丑月　乙卯日　丙戌時
月将：丑　年命：戊午　行年：己酉　空亡：子丑

（渉害課）

辛	酉	六合	官鬼	
空	子	貴人	父母	
乙	卯	玄武	兄弟	日禄

六合	天空	朱雀	天喜　青龍
酉	午	戌	未
午	卯	未	乙（辰）
官鬼	子孫	妻財	妻財

再起動したらアプリケーションやファイル類がすべて見当たらず焦りました。しかし、ローカルディスクの個人フォルダにあり安心しましたが、元の状態に復旧したいと思いウィンドウズの復元操作をしたところ、画面全体が真っ暗になり一切操作不能となりました。この不具合が起こる前に原稿をUSBへ保存していたので、最悪の事態は免れましたが、パソコンの状態を元に戻せるか占ってみました。

課式は渉害課となり、始め凶にして後に吉となる課体です。定石通り日干を自分として日支をパソコンと見ますと比和して吉です。日干日支ともに一課の未を剋しています。この事態で相当気をもみました。パソコンを復旧させなければ原稿を書けません。既に期限を過ぎているのにこれ以上遅らせるわけにいきません。三課はパソコンとして日干日支ともに三課の午を生じます。三課には空虚の神天空が乗り気になりますが、三課地盤卯は上神午を生じ、上神午は天空を生じて致命的な状態ではないことを示しているように思われます。

パソコンの類神をどうとるか？　ここでは電化製品ですので末伝の卯を類神として判断していきたいと思います。類神卯には玄武の凶将が乗ります。玄武は亡失等の意味を持ちます。日禄が付くのは救いでしょう。また末伝地盤は空亡です。中伝子も空亡ですが、課式全体を見て致命的な状態ではないものの天空や空亡が多く、空虚さを感じます。しかし一課未には神殺天喜が付き、青龍が乗ります。一課未と三課午は一課を生じて吉。初伝酉と末伝卯は冲となり、凶事を占い冲するのは、冲し凶散じて吉となると見ます。

結果、その後どうなったかと言いますと、個人フォルダに残っていたデータ以外を残し、パソコンの状態を初期状態に戻すという痛手を負ったものの重要なデータは事無きを得ました。

鴨川が赤色に染まる異変

ネットニュースで京都の鴨川が赤色に染まるという気味の悪い映像を見て、気になり課式を立てて見ました。当初、川に生息する生き物に悪影響はないようなので、毒物ではないだろうと報道されていましたが、原因は不明でした。

その数時間後の報道で、染料工場の排水が下水道から鴨川に流れ込んだのが原因であることが判明しました。

庚子年　己丑月　乙卯日　壬午時

月将：丑　年命：戊午　行年：己酉　空亡：子丑

（渉害課）

戊	午	太陰	子孫
空	丑	青龍	妻財
庚	申	貴人	官鬼

玄武	朱雀	太陰	六合
巳	戌	午	亥
戌	卯	亥	乙（辰）
子孫	妻財	子孫	父母

日干を川、日支を赤色の物質と見て、日干支比和して害なし。四課三伝内には吉将多く、官鬼は見えますが子孫爻ありこれを制します。初伝の午には赤色を示す意があります。また午には太陰が乗り太陰は穢れのない物、潔白の意があります。この赤色の物は報道のように毒物ではなさそうです。また、悪意あるものの仕業でもないでしょう。一課亥は水神、六合の象意には材料を示す意があります。日干支を生じるので害はないと見ます。課式全体として赤色を象徴する朱雀や午が多数あらわれるのは面白いです。

ちなみにこの事件の原因は、もともと大雨などで下水の排水量が増えた場合に鴨川に流される仕組みであるそうですが、管に木の塊が詰まり、鴨川に流れ出したことによるものであったそうです。

渉害課は滞りや渋滞を示す意味があります。

コロナ禍の推移

世界的な規模で感染が拡大しているコロナウイルス、世界最初の症例から既に1年が経過しました。ますます被害が拡大していますが、一刻も早く治療薬とワクチンが苦しむ人々に行き渡り、コロナ禍が収束し、安心して暮らせる日常が戻ることを切に願います。

この課式は2020年の1月に、コロナの原因と考えられることや収束がいつ頃になるのかを占ったものです。

己亥年　丁丑月　壬申日　辛亥時

月将：子　年命：―　行年：―　空亡：戌亥

（元首課）

乙	丑	太常	官鬼	
丙	寅	玄武	子孫	駅馬
丁	卯	太陰	子孫	

青龍	勾陳	太常	白虎
戌	酉	丑	子
酉	申	子	壬（亥）
官鬼	子孫	官鬼	兄弟

元首課の吉課です。禍や災難はいずれ消滅することを示します。日干を人類とし、日支をコロナウイルスと見ます。この占では日支より日干を生じるのはよろしくないです。日干よりの剋制が必要です。三伝は初伝、中伝、末伝と丑寅卯と引き続き、この事態が長引くことを象徴しています。初伝は官鬼、太常となり日干を剋すことから飲食、食べ物から感染が広がっていったのではないかと推測します。初伝の官鬼は中伝末伝の子孫爻がこれを制します。子孫爻は医薬品の類神で、中伝には駅馬、末伝には丁神といずれも速いという意味合いがあり、かなり早い時期に治療薬やワクチンが開発されることを象徴しています。それが人々に行き渡り出すのは寅と卯ですから寅年卯年、２０２２年頃か

らではないかと思われます。もしくはそれよりも少し早いかもしれません。一課に伝染病を示す白虎乗じますが、陰神の丑が剋し制します。三伝遁干は乙丙丁と並び、災厄の消滅を示し凶を化して吉となります。

いずれは必ずコロナの不安から解消される日がくると信じます。

第六章　六壬と信仰

占いを学ばれている方であれば、天機漏らすべからず、という言葉を聞いたことがあると思います。

占いというのは、偶然性すなわち生まれた日時や占おうと思った瞬間に必然性を見いだし、人の運命や宿命、物事の行く末を天体の運行や自然現象を抽象化し、その抽象化したものから様々に推察していくわけですが、本来人間も自然が営みから生み出されたもので、この宇宙において特別な存在とは考えません。他の動植物となんら変わらない人間が人の運命や未来を知るというのは過ぎたことであって、本来人間は生まれたら、その人生がどのようなものであれ享受し、そして死んでいけば良いのです。術によって、天の定めたる秘密を知り、自身や他者の運命を知り、その情報を漏らすのは自らの福徳を損なうことだと考えられています。優れた術者ほど孤独や貧乏、病気などの困難に見舞われるというのですが、確かに術の使用によって福徳を損なうこともあると思います。台湾では、術者になるのにまず入門に際して、師より貧困、孤独、病気の三つのうちひとつを選ばせると聞きますが、確かにそれほどの覚悟がなければ、その道の奥に至るのも難しいでしょう。

様々な占術の先生方から特に六壬はその的中率の高さから、気をつけねばならないと教わりました。ある先生は、「僧侶なら大丈夫です」とおっしゃられたのですが、これは仏教の教えを守って世間的な名利から遠ざかり、よく占いを的中させるからといって増長し天狗にならない、といった在り方であれば大丈夫という意味なのだろうと解釈しています。

そういった術者としての在り方が大事ですが、ここではもうひとつ、六壬を学び実践する上で、筆者がお祀りし、ご加護をいただいている神仏とそのご真言についてお話していきたいと思います。

九天玄女

現代の台湾でも六壬を操る術者は、この女神を祀るそうですが、筆者も師僧より九天玄女像をいただき、お祀りしています。

東海林先生から九天玄女様のお経もいただいたのですが、中国語はわかりませんし、道教の作法も知りません。ですが、何となくお像に惹きつけられるものがあり、また仏教の神であるダキニ天様のような雰囲気もあり、拝みたい一心で仏教の作法で開眼し、白檀の香湯を像にかけて供養しています。

香湯をかける際に九天玄女様の神呪、これは故阿部泰山全集『天文易学六壬神課吉凶正断法』の「神授、観占霊法」に記載されている呪とダキニ天真言を合わせてお唱えしています。香湯をお像にかけると自身にうっとりと心地良い感覚が生じます。神仏を祀る上で大事なことですが、お供え物をした時などに、自分も嬉しい感覚、喜びの感情が生じるのであれば、それは神仏も喜んでいらっしゃる、ということです。なぜならば神や仏と私達は深層の領域で繋がっていると密教では教えるからです。
ですから、神仏のお像をお祀りする上で大事なことは、とても貴い人に接するが如く、生きた存在であると思い、供物を供え丁重に供養することです。また九天玄女とダキニ天との共通性について興味のある方は、羽田守快著『荼吉尼天の秘密』（大法輪閣）をお読みください。

〔神呪〕
九天玄女聖祖道母君　自然心霊過去現在未来
吉凶事務一々皆明通達　百邪閉戸急々如律令勅

〔ダキニ天真言〕
オン　キリカク　ソワカ

愛染明王

六壬は占う時の太陽の位置をもとに課式を組み立てます。ですから、六壬は天文易とも呼ばれるように、ある種の占星術です。ゆえにその守護を願うのであれば、星にまつわる神仏に祈るのが良いでしょう。

愛染明王と言えば、一般的には恋愛成就の仏様として有名ですが、この仏様について説かれた「瑜祇経」というお経には、悪星の障りを除く功徳があると記されています。愛染明王像には、その功徳を示して弓に矢をつがえて天に向ける形像もあり、天弓愛染とも呼ばれます。京都のあるお寺で、六壬の名人であった住職は愛染明王をお祀りしていたと聞きます。

愛染明王は日輪の中に住んで、あらゆる星宿の災いを解除する功徳があることから六壬の修学者には守護仏として、確かにふさわしいと言えるでしょう。

〔愛染明王真言〕
オン　マカラギャ
バゾロウシュニシャ　バサラサトバ
ザ　ウン　バン　コ

如意輪観音

人間は生前の行いにより、六つの世界を輪廻すると仏教では教えます。天界、人間、修羅、畜生、餓鬼、地獄、の六道です。これらの世界にはそれぞれの衆生を救う観音菩薩がいらっしゃると説かれます。このうち天道の救済をされるのが如意輪観世音菩薩です。

天人の世界は物質的に豊かであるとされ、住み心地よい世界とされますが、苦しみの少ない世界だけに放逸な生活となり、仏道から心が離れやすく仏道修行が難しいと言われます。これは現代の日本に重ね合わせてみることもできそうです。十界互具と言ってこの私たちが生きる人間界にも地獄・餓鬼・畜生・修羅・人・天・声聞・縁覚・菩薩・仏の世界があると教えます。そして世界の国々をみれば、地獄のような国も、いつまでも戦争のおさまらない国もあります。

さて、如意輪観音は天道の救済仏ということから、星宿の災いを除く功徳があるとされ、如意輪加星供と呼ばれる修法も存在します。筆者はお寺で観音堂に勤務しており、毎朝、如意輪観音様の供養法を修めています。そのご加護もあり、厄年も特に災いもなく、大病も怪我もなく、健康に過ごせております。

〔如意輪観音真言〕

オン　ハドマ　シンダマニ

ジバラ　ウン

ここでご紹介した神仏は、日頃筆者が祈っている神仏であり、他にも星宿に関わる神仏は存在しております。六壬を安心して修学し、実践するためにも常にお参りできる信仰の場を持つと良いでしょう。

参考文献

『天文易学六壬神課　初学詳解』阿部泰山著（京都書院）
『天文易学六壬神課　実践鑑定法』阿部泰山著（京都書院）
『天文易学六壬神課　吉凶正断法』阿部泰山著（京都書院）
『天文易学六壬神課　細密鑑定極秘傳』阿部泰山著（京都書院）
『六壬神課講義』韋千里著（武陵出版社）
『大六壬預測学』秦瑞生著（武陵出版社）
『大六壬占術』中井瑛祐著（中尾書店）

『天文易学六壬神課詳解』荻野泰茂著（雄鶏社）
『六壬神課要訣』伊藤泰苑著（京都書院）
『新解　六壬天文易講義』ＣＨＡＺＺ・東海林秀樹著（優来占術研究会）
『六壬神課　陰陽師　安倍晴明の秘伝占法』東海林秀樹著（説話社）
『安倍晴明公』清明神社編（講談社）

各種表

月将表

将	期間月
亥	2月（寅月）19日頃～3月19日頃まで
戌	3月（卯月）20日頃～4月19日頃まで
酉	4月（辰月）20日頃～5月20日頃まで
申	5月（巳月）21日頃～6月20日頃まで
未	6月（午月）21日頃～7月22日頃まで
午	7月（未月）23日頃～8月22日頃まで
巳	8月（申月）23日頃～9月22日頃まで
辰	9月（酉月）23日頃～10月22日頃まで
卯	10月（戌月）23日頃～11月21日頃まで
寅	11月（亥月）22日頃～12月21日頃まで
丑	12月（子月）22日頃～1月20日頃まで
子	1月（丑月）21日頃～2月18日頃まで

時支表

子時	23時～翌01時に至るまで
丑時	01時～　03時に至るまで
寅時	03時～　05時に至るまで
卯時	05時～　07時に至るまで
辰時	07時～　09時に至るまで
巳時	09時～　11時に至るまで
午時	11時～　13時に至るまで
未時	13時～　15時に至るまで
申時	15時～　17時に至るまで
酉時	17時～　19時に至るまで
戌時	19時～　21時に至るまで
亥時	21時～　23時に至るまで

六十干支・空亡表

甲子	甲戌	甲申	甲午	甲辰	甲寅
乙丑	乙亥	乙酉	乙未	乙巳	乙卯
丙寅	丙子	丙戌	丙申	丙午	丙辰
丁卯	丁丑	丁亥	丁酉	丁未	丁巳
戊辰	戊寅	戊子	戊戌	戊申	戊午
己巳	己卯	己丑	己亥	己酉	己未
庚午	庚辰	庚寅	庚子	庚戌	庚申
辛未	辛巳	辛卯	辛丑	辛亥	辛酉
壬申	壬午	壬辰	壬寅	壬子	壬戌
癸酉	癸未	癸巳	癸卯	癸丑	癸亥
戌亥	申酉	午未	辰巳	寅卯	子丑

寄宮表

日干	寄宮
甲	寅
乙	辰
丙	巳
丁	未
戊	巳
己	未
庚	申
辛	戌
壬	亥
癸	丑

昼・夜貴人表

日干	夜貴人	昼貴人
甲	丑	未
乙	子	申
丙	亥	酉
丁	酉	亥
戊	未	丑
己	申	子
庚	未	丑
辛	午	寅
壬	巳	卯
癸	卯	巳

男命行年表

1歳	丙寅
2歳	丁卯
3歳	戊辰
4歳	己巳
5歳	庚午
6歳	辛未
7歳	壬申
8歳	癸酉
9歳	甲戌
10歳	乙亥
11歳	丙子
12歳	丁丑
13歳	戊寅
14歳	己卯
15歳	庚辰
16歳	辛巳
17歳	壬午
18歳	癸未
19歳	甲申
20歳	乙酉
21歳	丙戌
22歳	丁亥
23歳	戊子
24歳	己丑
25歳	庚寅
26歳	辛卯
27歳	壬辰
28歳	癸巳
29歳	甲午
30歳	乙未
31歳	丙申
32歳	丁酉
33歳	戊戌
34歳	己亥
35歳	庚子
36歳	辛丑
37歳	壬寅
38歳	癸丑
39歳	甲辰
40歳	乙巳
41歳	丙午
42歳	丁未
43歳	戊申
44歳	己酉
45歳	庚戌
46歳	辛亥
47歳	壬子
48歳	癸丑
49歳	甲寅
50歳	乙卯
51歳	丙辰
52歳	丁巳
53歳	戊午
54歳	己未
55歳	庚申
56歳	辛酉
57歳	壬戌
58歳	癸亥
59歳	甲子
60歳	乙丑

女命行年表

1歳	壬申
2歳	辛未
3歳	庚午
4歳	己巳
5歳	戊辰
6歳	丁卯
7歳	丙寅
8歳	乙丑
9歳	甲子
10歳	癸亥
11歳	壬戌
12歳	辛酉
13歳	庚申
14歳	己未
15歳	戊午
16歳	丁巳
17歳	丙辰
18歳	乙卯
19歳	甲寅
20歳	癸丑
21歳	壬子
22歳	辛亥
23歳	庚戌
24歳	己酉
25歳	戊申
26歳	丁未
27歳	丙午
28歳	乙巳
29歳	甲辰
30歳	癸卯
31歳	壬寅
32歳	辛丑
33歳	庚子
34歳	己亥
35歳	戊戌
36歳	丁酉
37歳	丙申
38歳	乙未
39歳	甲午
40歳	癸巳
41歳	壬辰
42歳	辛卯
43歳	庚寅
44歳	己丑
45歳	戊子
46歳	丁亥
47歳	丙戌
48歳	乙酉
49歳	甲申
50歳	癸未
51歳	壬午
52歳	辛巳
53歳	庚辰
54歳	己卯
55歳	戊寅
56歳	丁丑
57歳	丙子
58歳	乙亥
59歳	甲戌
60歳	癸酉

地方時差一覧表

【北海道】
根室　+42
釧路　+38
網走　+37
帯広　+33
旭川　+29
稚内　+27
札幌　+25
函館　+23

【青森県】
八戸　+26
三沢　+26
青森　+23
弘前　+22

【岩手県】
釜石　+28
陸前高田　+27
盛岡　+25
花巻　+25

【秋田県】
横手　+22
大館　+22
秋田　+21
本荘　+20
能代　+20

【宮城県】
気仙沼　+26
石巻　+25
仙台　+24

【山形県】
山形　+21
新庄　+21
米沢　+21
鶴岡　+19
酒田　+19

【福島県】
いわき　+24
福島　+22
郡山　+22
会津若松　+20

【茨城県】
日立　+23
水戸　+22
土浦　+21
下館　+20

【栃木県】
黒磯　+20
宇都宮　+20
日光　+19
足利　+18

【群馬県】
館林　+18
桐生　+18
前橋　+17
高崎　+16

【千葉県】
銚子　+23
勝浦　+21
千葉　+21
船橋　+20
館山　+20

【埼玉県】
春日部　+19
さいたま　+19
所沢　+18
秩父　+17

【東京都】
２３区　+19
府中　+18
立川　+18
八王子　+17
青梅　+17

【神奈川県】
川崎　+19
横浜　+19
鎌倉　+19
横須賀　+19
平塚　+18
小田原　+17

【新潟県】
新潟　+16
長岡　+16
柏崎　+15

【長野県】
長野　+13
諏訪　+13
塩尻　+12
松本　+12
飯田　+11

【山梨県】
大月　+16
山梨　+15
甲府　+14
韮崎　+13

【静岡県】
熱海　+16
伊東　+16
清水　+14
静岡　+14
浜松　+11

【愛知県】
豊橋　+10
岡崎　+09
豊田　+09
名古屋　+08

【岐阜県】
富山　+09
岐阜　+07
大垣　+06

【富山県】
黒部　+10
富山　+09
高岡　+08

【石川県】
輪島　+08
金沢　+06
小松　+06
加賀　+05

【福井県】
福井　+05
敦賀　+04
小浜　+03

【滋賀県】
長浜　+07
彦根　+07
大津　+04

【三重県】
桑名　+07
四日市　+07
伊勢　+07
津　+06
亀山　+05
熊野　+04

【京都府】
宇治　+03
京都　+03
亀岡　+02
舞鶴　+01
宮津　+01
福知山　+01

【大阪府】
東大阪　+03
枚方　+03
大阪　+02
泉南　+01

【奈良県】
奈良　+03
大和高田　+03
生駒　+03

【兵庫県】
尼崎　+02
西宮　+02
神戸　+01
明石　±0
姫路　−01

【鳥取県】
鳥取　−03
倉吉　−04
米子　−06

【島根県】
松江　−08
出雲　−09
浜田　−12
益田　−12

【岡山県】
備前　−03
津山　−04
岡山　−04
倉敷　−05

【広島県】
福山　−06
尾道　−07
三原　−07
竹原　−08
広島　−10

【山口県】
岩国　−11
徳山　−13
防府　−14
山口　−14
宇部　−15
下関　−16

【香川県】
高松　−04
坂出　−05
丸亀　−05

【高知県】
室戸　−04
高知　−06
中村　−08

【愛媛県】
伊予三島　−06
今治　−08
松山　−09
八幡浜　−10

【福岡県】
豊前　−15
北九州　−17
福岡　−18

【大分県】
佐伯　−12
大分　−13
別府　−14
宇佐　−15

【宮崎県】
延岡　−13
宮崎　−14
都城　−15

【熊本県】
阿蘇　−16
熊本　−17
本渡　−19

【佐賀県】
佐賀　−19
唐津　−20

【長崎県】
島原　−19
長崎　−20
佐世保　−21

【鹿児島県】
鹿屋　−16
鹿児島　−18
阿久根　−19

【沖縄県】
那覇　−29
石垣　−43

神殺表

日支

日支＼神殺	支徳	玉宇	金堂	聖心	五富	支儀	駅馬	病符
子	巳	申	酉	辰	巳	午	寅	亥
丑	午	寅	卯	戌	申	巳	亥	子
寅	未	卯	辰	亥	亥	辰	申	丑
卯	申	酉	戌	巳	寅	卯	巳	寅
辰	酉	辰	巳	子	巳	寅	寅	卯
巳	戌	戌	亥	午	申	巳	亥	辰
午	亥	巳	午	丑	亥	未	申	巳
未	子	亥	子	未	寅	申	巳	午
申	丑	午	未	寅	巳	酉	寅	未
酉	寅	子	丑	申	申	戌	亥	申
戌	卯	未	申	卯	亥	亥	申	酉
亥	辰	丑	寅	酉	寅	子	巳	戌

日干

日干＼神殺	日徳	日禄	天恩	遊都	羊刃	長生	絶神	墓神
甲	寅	寅	子	丑	卯	亥	申	未
乙	申	卯	丑	子	辰	午	酉	戌
丙	巳	巳	寅	寅	午	寅	亥	戌
丁	亥	午	卯	巳	未	酉	子	丑
戊	巳	巳	辰	申	午	寅	亥	戌
己	寅	午	卯酉	丑	未	酉	子	丑
庚	申	申	辰戌	子	酉	巳	寅	丑
辛	巳	酉	巳亥	寅	戌	子	卯	辰
壬	亥	亥	午子	巳	子	申	巳	辰
癸	巳	子	未丑	申	丑	卯	午	未

月支

月支	天徳	月徳	生殺	死殺	大徳	大殺	天馬	成神	天喜
寅	未	巳	子	午	午	午	午	巳	戌
卯	申	寅	丑	未	午	卯	申	申	戌
辰	亥	亥	寅	申	午	子	戌	亥	戌
巳	戌	申	卯	酉	辰	酉	子	寅	丑
午	亥	巳	辰	戌	辰	午	寅	巳	丑
未	寅	寅	巳	亥	辰	卯	辰	申	丑
申	丑	亥	午	子	子	子	午	亥	辰
酉	寅	申	未	丑	子	酉	申	寅	辰
戌	巳	巳	申	寅	子	午	戌	巳	辰
亥	辰	寅	酉	卯	寅	卯	子	申	未
子	巳	亥	戌	辰	寅	子	寅	亥	未
丑	申	申	亥	巳	寅	酉	辰	寅	未

賊神	天目	遊殺	血支	月奸	漫語	奸門	桃花	会神	神殺／月支
卯	辰	卯	丑	丑	午	申	卯	未	寅
卯	辰	辰	寅	丑	未	亥	子	戌	卯
卯	辰	巳	卯	丑	申	寅	酉	寅	辰
午	未	午	辰	辰	酉	巳	午	亥	巳
午	未	未	巳	辰	戌	申	卯	酉	午
午	未	申	午	辰	亥	亥	子	子	未
酉	戌	酉	未	未	子	寅	酉	丑	申
酉	戌	戌	申	未	丑	巳	午	午	酉
酉	戌	亥	酉	未	寅	申	卯	巳	戌
子	丑	子	戌	戌	卯	亥	子	卯	亥
子	丑	丑	亥	戌	辰	寅	酉	申	子
子	丑	寅	子	戌	巳	巳	午	辰	丑

月支＼神殺	死神	喪車	浴盆	天医	飛廉	破砕	月厭	血光	華蓋	天車
寅	巳	酉	辰	辰	戌	酉	戌	辰	戌	巳
卯	午	酉	辰	巳	巳	巳	酉	巳	未	巳
辰	未	酉	辰	午	午	丑	申	午	辰	巳
巳	申	子	未	未	未	酉	未	未	丑	辰
午	酉	子	未	申	寅	巳	午	申	戌	辰
未	戌	子	未	酉	卯	丑	巳	酉	未	辰
申	亥	卯	戌	戌	辰	酉	辰	戌	辰	未
酉	子	卯	戌	亥	亥	巳	卯	亥	丑	未
戌	丑	卯	戌	子	子	丑	寅	子	戌	未
亥	寅	午	丑	丑	丑	酉	丑	丑	未	酉
子	卯	午	丑	寅	申	巳	子	寅	辰	酉
丑	辰	午	丑	卯	酉	丑	亥	卯	丑	酉

※成神・駅馬・桃花・華蓋は三合神殺（月支、日支共用）

三伝表

甲子日

子 干上	戌	申	午	元首
丑 干上	子	亥	戌	比用
寅 干上	寅	巳	申	伏吟
卯 干上	辰	巳	午	重審
辰 干上	辰	午	申	重審
巳 干上	申	亥	寅	重審
午 干上	辰	申	子	元首
未 干上	子	巳	戌	比用
申 干上	寅	申	寅	返吟
酉 干上	寅	酉	辰	知一
戌 干上	戌	午	寅	重審
亥 干上	午	卯	子	元首

乙丑日

子 干上	巳	丑	酉	元首
丑 干上	丑	戌	未	重審
寅 干上	亥	酉	未	重審
卯 干上	子	亥	戌	重審
辰 干上	辰	丑	戌	伏吟
巳 干上	寅	卯	辰	元首
午 干上	申	戌	子	重審
未 干上	未	戌	丑	重審
申 干上	酉	丑	巳	重審
酉 干上	寅	未	子	重審
戌 干上	戌	辰	戌	返吟
亥 干上	卯	戌	巳	比用

丙寅日

子干上	子	未	寅	知一
丑干上	戌	午	寅	重審
寅干上	亥	申	巳	遥剋
卯干上	丑	亥	酉	重審
辰干上	子	亥	戌	比用
巳干上	巳	申	寅	伏吟
午干上	辰	巳	午	重審
未干上	辰	午	申	重審
申干上	申	亥	寅	重審
酉干上	酉	丑	巳	重審
戌干上	子	巳	戌	比用
亥干上	寅	申	寅	返吟

丁卯日

子干上	巳	戌	卯	重審
丑干上	卯	酉	卯	返吟
寅干上	戌	巳	子	重審
卯干上	未	卯	亥	元首
辰干上	子	酉	午	遥剋
巳干上	亥	酉	未	涉害
午干上	丑	子	亥	重審
未干上	卯	子	午	伏吟
申干上	辰	巳	午	涉害
酉干上	酉	亥	丑	重審
戌干上	酉	子	卯	重審
亥干上	未	亥	卯	涉害

戊辰日

子干上	子	未	寅	涉害
丑干上	子	申	辰	重審
寅干上	寅	亥	申	元首
卯干上	丑	亥	酉	重審
辰干上	卯	寅	丑	元首

巳 干上 巳申寅 伏吟
午 干上 寅午午 別責
未 干上 申戌子 重審
申 干上 亥寅巳 遙剋
酉 干上 子辰申 遙剋
戌 干上 寅未子 重審
亥 干上 巳亥巳 返吟

己巳日

子 干上 巳戌卯 比用
丑 干上 巳亥巳 返吟
寅 干上 酉辰亥 涉害
卯 干上 卯亥未 元首
辰 干上 寅亥申 遙剋
巳 干上 丑亥酉 重審
午 干上 卯寅丑 元首
未 干上 巳申寅 伏吟
申 干上 申申午 昴星
酉 干上 亥丑卯 遙剋
戌 干上 申亥寅 重審
亥 干上 酉丑巳 涉害

庚午日

子 干上 辰申子 涉害
丑 干上 辰酉寅 知一
寅 干上 寅申寅 返吟
卯 干上 戌巳子 比用
辰 干上 戌午寅 涉害
巳 干上 巳寅亥 元首
午 干上 午辰寅 涉害
未 干上 午巳辰 遙剋
申 干上 申寅巳 伏吟
酉 干上 戌未酉 昴星
戌 干上 申戌子 涉害
亥 干上 酉子卯 重審

辛未日

子干上	寅	辰	午	遙剋
丑干上	亥	丑	丑	別責
寅干上	亥	卯	未	比用
卯干上	巳	戌	卯	涉害
辰干上	巳	丑	辰	返吟
巳干上	酉	辰	亥	涉害
午干上	卯	亥	未	知一
未干上	亥	未	未	別責
申干上	午	辰	寅	元首
酉干上	巳	辰	卯	遙剋
戌干上	未	丑	戌	伏吟
亥干上	申	亥	申	昴星

壬申日

子干上	丑	寅	卯	元首
丑干上	子	寅	辰	重審
寅干上	巳	申	亥	遙剋
卯干上	未	亥	卯	重審
辰干上	辰	酉	寅	元首
巳干上	寅	申	寅	返吟
午干上	午	丑	申	涉害
未干上	子	申	辰	重審
申干上	巳	寅	亥	元首
酉干上	午	辰	寅	元首
戌干上	戌	酉	申	元首
亥干上	亥	申	寅	伏吟

癸酉日

子干上	未	午	巳	遙剋
丑干上	丑	戌	未	伏吟
寅干上	亥	子	丑	重審
卯干上	丑	卯	巳	元首
辰干上	辰	未	戌	元首

巳干上	酉丑巳	涉害
午干上	未子巳	比用
未干上	卯酉卯	返吟
申干上	卯戌巳	涉害
酉干上	巳丑酉	元首
戌干上	午卯子	涉害
亥干上	未巳卯	遥剋

甲戌日

子干上	午辰寅	涉害
丑干上	子亥戌	比用
寅干上	寅巳申	伏吟
卯干上	辰巳午	比用
辰干上	辰午申	涉害
巳干上	申亥寅	重審
午干上	寅午戌	元首
未干上	子巳戌	比用
申干上	寅申寅	返吟
酉干上	子未寅	知一
戌干上	戌午寅	重審
亥干上	申巳寅	遥剋

乙亥日

子干上	未卯亥	涉害
丑干上	丑戌未	重審
寅干上	酉未巳	遥剋
卯干上	戌酉申	元首
辰干上	辰亥巳	伏吟
巳干上	丑寅卯	元首
午干上	申戌子	重審
未干上	未戌丑	重審
申干上	未亥卯	重審
酉干上	寅未子	重審
戌干上	巳亥巳	返吟
亥干上	午丑申	重審

丙子日

干上	初伝	中伝	末伝	課
子	子	未	寅	渉害
丑	申	辰	子	遥剋
寅	午	卯	子	元首
卯	丑	亥	酉	重審
辰	戌	酉	申	知一
巳	巳	申	寅	伏吟
午	寅	卯	辰	知一
未	辰	午	申	重審
申	申	亥	寅	重審
酉	酉	丑	巳	重審
戌	巳	戌	卯	重審
亥	午	子	午	返吟

丁丑日

干上	初伝	中伝	末伝	課
子	巳	戌	卯	重審
丑	亥	未	丑	返吟
寅	卯	戌	巳	重審
卯	巳	丑	酉	元首
辰	子	辰	戌	昴星
巳	亥	酉	未	重審
午	子	亥	戌	重審
未	丑	戌	未	伏吟
申	申	酉	戌	重審
酉	酉	亥	丑	重審
戌	午	戌	辰	昴星
亥	酉	丑	巳	重審

戊寅日

干上	初伝	中伝	末伝	課
子	子	未	寅	重審
丑	戌	午	寅	重審
寅	寅	亥	申	元首
卯	丑	亥	酉	重審
辰	子	亥	戌	比用

巳 干上 巳申寅 伏吟
午 干上 辰巳午 重審
未 干上 辰午申 重審
申 干上 申亥寅 重審
酉 干上 丑午酉 昴星
戌 干上 子巳戌 比用
亥 干上 寅申寅 返吟

己卯日

子 干上 巳戌卯 比用
丑 干上 卯酉卯 返吟
寅 干上 戌巳子 重審
卯 干上 未卯亥 渉害
辰 干上 子酉午 遥剋
巳 干上 亥酉未 渉害
午 干上 丑子亥 重審
未 干上 卯子午 伏吟
申 干上 辰巳午 重審
酉 干上 亥丑卯 遥剋
戌 干上 酉子卯 重審
亥 干上 未亥卯 渉害

庚辰日

子 干上 辰申子 元首
丑 干上 寅未子 重審
寅 干上 寅申寅 返吟
卯 干上 午丑申 渉害
辰 干上 子申辰 重審
巳 干上 巳寅亥 元首
午 干上 寅子戌 渉害
未 干上 卯寅丑 元首
申 干上 申寅巳 伏吟
酉 干上 午未申 遥剋
戌 干上 申戌子 渉害
亥 干上 寅巳申 遥剋

辛巳日

干上子	寅辰午	遥剋
干上丑	申亥寅	重審
干上寅	酉丑巳	比用
干上卯	卯申丑	重審
干上辰	巳亥巳	返吟
干上巳	未寅酉	渉害
干上午	午寅戌	元首
干上未	寅亥申	遥剋
干上申	丑亥酉	重審
干上酉	卯寅丑	元首
干上戌	巳申寅	伏吟
干上亥	午未申	遥剋

壬午日

干上子	丑寅卯	元首
干上丑	申戌子	重審
干上寅	酉子卯	重審
干上卯	未亥卯	重審
干上辰	辰酉寅	知一
干上巳	午子午	返吟
干上午	午丑申	重審
干上未	戌午寅	重審
干上申	巳寅亥	元首
干上酉	寅子戌	元首
干上戌	戌酉申	元首
干上亥	亥午子	伏吟

癸未日

干上子	巳辰卯	遥剋
干上丑	丑戌未	伏吟
干上寅	申寅申	昴星
干上卯	巳未酉	遥剋
干上辰	辰未戌	元首

巳 干上	酉丑巳	渉害
午 干上	巳戌卯	比用
未 干上	未丑未	返吟
申 干上	卯戌巳	重審
酉 干上	巳丑酉	渉害
戌 干上	戌未辰	元首
亥 干上	巳卯丑	遥剋

甲申日

子 干上	午辰寅	渉害
丑 干上	子亥戌	比用
寅 干上	寅巳申	伏吟
卯 干上	辰巳午	重審
辰 干上	辰午申	渉害
巳 干上	申亥寅	重審
午 干上	辰申子	元首
未 干上	子巳戌	比用
申 干上	寅申寅	返吟
酉 干上	戌巳子	比用
戌 干上	戌午寅	渉害
亥 干上	巳寅亥	元首

乙酉日

子 干上	巳丑酉	元首
丑 干上	丑戌未	重審
寅 干上	未巳卯	遥剋
卯 干上	申未午	遥剋
辰 干上	辰酉卯	伏吟
巳 干上	亥子丑	重審
午 干上	申戌子	重審
未 干上	未戌丑	重審
申 干上	申子辰	元首
酉 干上	未子巳	比用
戌 干上	卯酉卯	返吟
亥 干上	亥午丑	比用

丙戌日

干上	三伝	
子	子未寅	知一
丑	酉巳丑	遙剋
寅	亥申巳	遙剋
卯	丑亥酉	重審
辰	卯寅丑	元首
巳	巳申寅	伏吟
午	亥子丑	重審
未	子寅辰	重審
申	申亥寅	重審
酉	酉丑巳	重審
戌	申丑午	知一
亥	巳亥巳	返吟

丁亥日

干上	三伝	
子	巳戌卯	重審
丑	巳亥巳	返吟
寅	午丑申	重審
卯	未卯亥	渉害
辰	巳寅亥	元首
巳	酉未巳	遙剋
午	戌酉申	元首
未	亥未丑	伏吟
申	申酉戌	重審
酉	酉亥丑	重審
戌	午戌寅	昴星
亥	未亥卯	重審

戊子日

干上	三伝	
子	子未寅	重審
丑	巳申丑	昴星
寅	寅亥申	渉害
卯	丑亥酉	重審
辰	戌酉申	知一

巳 干上 巳 申 寅 伏吟
午 干上 寅 卯 辰 知一
未 干上 辰 午 申 重審
申 干上 卯 午 酉 遥剋
酉 干上 辰 申 子 元首
戌 干上 巳 戌 卯 重審
亥 干上 午 子 午 返吟

己丑日

子 干上 巳 戌 卯 比用
丑 干上 亥 未 丑 返吟
寅 干上 卯 戌 巳 重審
卯 干上 巳 丑 酉 渉害
辰 干上 子 辰 戌 昴星
巳 干上 亥 酉 未 重審
午 干上 子 亥 戌 重審
未 干上 丑 戌 未 伏吟
申 干上 寅 卯 辰 元首
酉 干上 卯 巳 未 元首
戌 干上 午 戌 辰 昴星
亥 干上 酉 丑 巳 渉害

庚寅日

子 干上 辰 申 子 元首
丑 干上 子 巳 戌 比用
寅 干上 寅 申 寅 返吟
卯 干上 戌 巳 子 比用
辰 干上 戌 午 寅 渉害
巳 干上 巳 寅 亥 元首
午 干上 午 辰 寅 渉害
未 干上 子 亥 戌 比用
申 干上 申 寅 巳 伏吟
酉 干上 辰 巳 午 重審
戌 干上 辰 午 申 渉害
亥 干上 申 亥 寅 重審

辛卯日

干上 子	巳未酉	遥剋
干上 丑	酉子卯	重審
干上 寅	未亥卯	渉害
干上 卯	卯申丑	重審
干上 辰	卯酉卯	返吟
干上 巳	戌巳子	重審
干上 午	未卯亥	知一
干上 未	子未子	昴星
干上 申	亥酉未	渉害
干上 酉	丑子亥	重審
干上 戌	卯子午	伏吟
干上 亥	辰巳午	重審

壬辰日

干上 子	丑寅卯	元首
干上 丑	申戌子	重審
干上 寅	戌丑辰	遥剋
干上 卯	未亥卯	重審
干上 辰	寅未子	重審
干上 巳	巳亥巳	返吟
干上 午	午丑申	比用
干上 未	子申辰	重審
干上 申	巳寅亥	元首
干上 酉	寅子戌	元首
干上 戌	戌酉申	知一
干上 亥	亥辰戌	伏吟

癸巳日

干上 子	卯寅丑	元首
干上 丑	酉戌未	伏吟
干上 寅	未申酉	遥剋
干上 卯	未酉亥	遥剋
干上 辰	申亥寅	重審

巳 干上 酉丑巳 渉害
午 干上 午亥辰 重審
未 干上 巳亥巳 返吟
申 干上 卯戌巳 重審
酉 干上 巳丑酉 元首
戌 干上 戌未辰 元首
亥 干上 丑亥酉 重審

甲午日

子 干上 戌申午 渉害
丑 干上 子亥戌 比用
寅 干上 寅巳申 伏吟
卯 干上 辰巳午 重審
辰 干上 辰午申 渉害
巳 干上 申亥寅 比用
午 干上 寅午戌 元首
未 干上 子巳戌 比用
申 干上 寅申寅 返吟
酉 干上 酉辰亥 元首
戌 干上 戌午寅 重審
亥 干上 申巳寅 遥剋

乙未日

子 干上 卯亥未 元首
丑 干上 丑戌未 重審
寅 干上 亥寅巳 昴星
卯 干上 戌卯午 昴星
辰 干上 辰未丑 伏吟
巳 干上 酉戌亥 遥剋
午 干上 申戌子 重審
未 干上 未戌丑 重審
申 干上 亥卯未 重審
酉 干上 巳戌卯 比用
戌 干上 戌辰戌 返吟
亥 干上 午丑申 重審

丙申日

子 干上	戌	巳	子	比用
丑 干上	子	申	辰	重審
寅 干上	巳	寅	亥	元首
卯 干上	丑	亥	酉	重審
辰 干上	卯	寅	丑	元首
巳 干上	巳	申	寅	伏吟
午 干上	酉	戌	亥	遥剋
未 干上	子	寅	辰	重審
申 干上	申	亥	寅	重審
酉 干上	酉	丑	巳	重審
戌 干上	卯	申	丑	元首
亥 干上	寅	申	寅	返吟

丁酉日

子 干上	未	子	巳	涉害
丑 干上	卯	酉	卯	返吟
寅 干上	亥	午	丑	重審
卯 干上	巳	丑	酉	元首
辰 干上	午	卯	子	元首
巳 干上	丑	巳	巳	別責
午 干上	申	未	午	遥剋
未 干上	酉	未	丑	伏吟
申 干上	亥	子	丑	比用
酉 干上	酉	亥	丑	重審
戌 干上	子	卯	午	遥剋
亥 干上	亥	卯	未	元首

戊戌日

子 干上	子	未	寅	重審
丑 干上	寅	戌	午	遥剋
寅 干上	寅	亥	申	元首
卯 干上	丑	亥	酉	重審
辰 干上	卯	寅	丑	元首

巳 干上 巳申寅 伏吟

午 干上 亥子丑 重審

未 干上 子寅辰 重審

申 干上 亥寅巳 遥剋

酉 干上 寅午戌 元首

戌 干上 申丑午 知一

亥 干上 巳亥巳 返吟

己亥日

子 干上 巳戌卯 比用

丑 干上 巳亥巳 返吟

寅 干上 午丑申 重審

卯 干上 未卯亥 涉害

辰 干上 巳寅亥 元首

巳 干上 卯丑亥 遥剋

午 干上 戌酉申 元首

未 干上 亥未丑 伏吟

申 干上 丑寅卯 元首

酉 干上 丑卯巳 涉害

戌 干上 寅巳申 遥剋

亥 干上 未亥卯 涉害

庚子日

子 干上 辰申子 元首

丑 干上 巳戌卯 重審

寅 干上 寅申寅 返吟

卯 干上 戌巳子 比用

辰 干上 子申辰 重審

巳 干上 午卯子 知一

午 干上 午辰寅 涉害

未 干上 戌酉申 元首

申 干上 申寅巳 伏吟

酉 干上 寅卯辰 知一

戌 干上 辰午申 涉害

亥 干上 午酉子 遥剋

辛丑日

子 干上 卯巳未 元首
丑 干上 巳丑丑 別責
寅 干上 酉丑巳 比用
卯 干上 卯申丑 重審
辰 干上 亥未辰 返吟

巳 干上 卯戌巳 重審
午 干上 巳丑酉 知一
未 干上 巳未未 別責
申 干上 亥酉未 重審
酉 干上 子亥戌 重審

戌 干上 丑戌未 伏吟
亥 干上 寅卯辰 元首

壬寅日

子 干上 辰巳午 重審
丑 干上 辰午申 重審
寅 干上 申亥寅 重審
卯 干上 未亥卯 重審
辰 干上 子巳戌 比用

巳 干上 寅申寅 返吟
午 干上 午丑申 重審
未 干上 戌午寅 重審
申 干上 巳寅亥 元首
酉 干上 戌申午 元首

戌 干上 子亥戌 比用
亥 干上 亥寅巳 伏吟

癸卯日

子 干上 丑子亥 重審
丑 干上 丑戌未 伏吟
寅 干上 辰巳午 重審
卯 干上 未酉亥 遥剋
辰 干上 酉子卯 重審

巳干上　酉丑巳　涉害
戌干上　戌未辰　元首
午干上　午亥辰　重審
亥干上　丑亥酉　涉害
未干上　卯酉卯　返吟
申干上　卯戌巳　比用
酉干上　未卯亥　涉害

甲辰日

子干上　戌申午　涉害
巳干上　申亥寅　重審
戌干上　戌午寅　涉害
丑干上　子亥戌　比用
午干上　申子辰　遙剋
亥干上　申巳寅　遙剋
寅干上　寅巳申　伏吟
未干上　寅未子　涉害
卯干上　辰巳午　重審
申干上　寅申寅　返吟
辰干上　辰午申　涉害
酉干上　午丑申　比用

乙巳日

子干上　酉巳丑　遙剋
巳干上　未申酉　遙剋
戌干上　巳亥巳　返吟
丑干上　丑戌未　重審
午干上　申戌子　重審
亥干上　午丑申　重審
寅干上　丑亥酉　重審
未干上　未戌丑　比用
卯干上　卯寅丑　元首
申干上　酉丑巳　重審
辰干上　辰巳申　伏吟
酉干上　寅未子　重審

丙午日

干上	初伝	中伝	末伝	課
子干上	子	未	寅	知一
丑干上	戌	午	寅	重審
寅干上	子	酉	午	遥剋
卯干上	丑	亥	酉	重審
辰干上	卯	寅	丑	元首
巳干上	巳	申	寅	伏吟
午干上	申	酉	戌	遥剋
未干上	申	戌	子	重審
申干上	申	亥	寅	比用
酉干上	酉	丑	巳	重審
戌干上	辰	酉	寅	知一
亥干上	午	子	午	返吟

丁未日

干上	初伝	中伝	末伝	課
子干上	巳	戌	卯	比用
丑干上	巳	丑	丑	返吟
寅干上	酉	辰	亥	知一
卯干上	卯	亥	未	元首
辰干上	亥	辰	辰	八専
巳干上	丑	巳	巳	八専
午干上	卯	午	午	八専
未干上	未	丑	戌	伏吟
申干上	申	酉	戌	重審
酉干上	酉	亥	丑	重審
戌干上	亥	戌	戌	八専
亥干上	亥	卯	未	重審

戊申日

干上	初伝	中伝	末伝	課
子干上	子	未	寅	渉害
丑干上	子	申	辰	重審
寅干上	寅	亥	申	知一
卯干上	丑	亥	酉	重審
辰干上	卯	寅	丑	元首

巳干上　巳申寅　伏吟
午干上　戌酉午　昴星
未干上　子寅辰　重審
申干上　寅巳申　遙剋
酉干上　辰申子　元首
戌干上　卯申丑　元首
亥干上　寅申寅　返吟

己酉日

子干上　未子巳　渉害
丑干上　卯酉卯　返吟
寅干上　亥午丑　重審
卯干上　巳丑酉　渉害
辰干上　午卯子　元首
巳干上　卯丑亥　遙剋
午干上　戌午申　昴星
未干上　酉未丑　伏吟
申干上　亥子丑　重審
酉干上　丑卯巳　元首
戌干上　卯午酉　遙剋
亥干上　亥卯未　重審

庚戌日

子干上　辰申子　渉害
丑干上　申丑午　知一
寅干上　寅申寅　返吟
卯干上　戌巳子　比用
辰干上　子申辰　重審
巳干上　巳寅亥　元首
午干上　午辰寅　元首
未干上　午巳辰　遙剋
申干上　申寅巳　伏吟
酉干上　亥子丑　重審
戌干上　子寅辰　重審
亥干上　寅巳申　遙剋

辛亥日

干上	三伝			課体
子	丑	卯	巳	渉害
丑	巳	申	亥	遙剋
寅	未	亥	卯	比用
卯	卯	申	丑	重審
辰	巳	亥	巳	返吟
巳	午	丑	申	重審
午	未	卯	亥	渉害
未	巳	寅	亥	元首
申	午	辰	寅	元首
酉	戌	酉	申	元首
戌	亥	戌	未	伏吟
亥	丑	寅	卯	元首

壬子日

干上	三伝			課体
子	寅	卯	辰	知一
丑	辰	午	申	重審
寅	午	酉	子	遙剋
卯	未	亥	卯	重審
辰	巳	戌	卯	重審
巳	午	子	午	返吟
午	午	丑	申	重審
未	未	卯	亥	渉害
申	午	卯	子	知一
酉	戌	申	午	元首
戌	戌	酉	申	元首
亥	亥	子	卯	伏吟

癸丑日

干上	三伝			課体
子	子	亥	戌	重審
丑	丑	戌	未	伏吟
寅	寅	卯	辰	元首
卯	卯	巳	未	元首
辰	辰	未	戌	元首

巳干上 酉丑巳 渉害
午干上 午亥辰 重審
未干上 未丑未 返吟
申干上 卯戌巳 重審
酉干上 巳丑酉 元首
戌干上 戌未辰 元首
亥干上 亥酉未 重審

甲寅日

子干上 戌申午 元首
丑干上 子亥戌 比用
寅干上 寅巳申 伏吟
卯干上 辰巳午 重審
辰干上 辰午申 重審
巳干上 申亥寅 重審
午干上 申午午 八専
未干上 子巳戌 比用
申干上 寅申寅 返吟
酉干上 酉辰亥 元首
戌干上 戌午寅 重審
亥干上 丑亥亥 八専

乙卯日

子干上 未卯亥 元首
丑干上 丑戌未 重審
寅干上 亥酉未 渉害
卯干上 丑子亥 重審
辰干上 辰卯子 伏吟
巳干上 辰巳午 重審
午干上 申戌子 重審
未干上 酉子卯 渉害
申干上 未亥卯 渉害
酉干上 寅未子 重審
戌干上 卯酉卯 返吟
亥干上 午丑申 渉害

丙辰日

干上	三伝	課
子干上	午丑申	比用
丑干上	子申辰	重審
寅干上	亥申巳	遥剋
卯干上	丑亥酉	重審
辰干上	卯寅丑	元首
巳干上	巳申寅	伏吟
午干上	亥午午	別責
未干上	申戌子	重審
申干上	申亥寅	重審
酉干上	酉丑巳	重審
戌干上	寅未子	重審
亥干上	巳亥巳	返吟

丁巳日

干上	三伝	課
子干上	巳戌卯	重審
丑干上	巳亥巳	返吟
寅干上	酉辰亥	渉害
卯干上	亥未卯	遥剋
辰干上	亥申巳	遥剋
巳干上	丑亥酉	重審
午干上	卯寅丑	元首
未干上	巳申寅	伏吟
申干上	申酉戌	重審
酉干上	酉亥丑	重審
戌干上	申亥寅	重審
亥干上	酉丑巳	重審

戊午日

干上	三伝	課
子干上	子未寅	重審
丑干上	戌午寅	重審
寅干上	寅亥申	元首
卯干上	丑亥酉	重審
辰干上	卯寅丑	元首

巳 干上 巳申寅 伏吟

午 干上 寅午午 別責

未 干上 申戌子 重審

申 干上 酉子卯 重審

酉 干上 寅午戌 元首

戌 干上 辰酉寅 知一

亥 干上 午子午 返吟

己未日

子 干上 巳戌卯 比用

丑 干上 巳丑丑 返吟

寅 干上 酉辰亥 知一

卯 干上 卯亥未 元首

辰 干上 亥辰辰 八專

巳 干上 丑巳巳 八專

午 干上 卯午午 八專

未 干上 未丑戌 伏吟

申 干上 未申申 八專

酉 干上 酉酉酉 獨足

戌 干上 亥戌戌 八專

亥 干上 亥卯未 重審

庚申日

子 干上 辰申子 元首

丑 干上 卯丑丑 八專

寅 干上 寅申寅 返吟

卯 干上 戌巳子 比用

辰 干上 子申辰 重審

巳 干上 巳寅亥 元首

午 干上 午辰寅 元首

未 干上 酉未未 八專

申 干上 申寅巳 伏吟

酉 干上 亥酉酉 八專

戌 干上 子寅辰 重審

亥 干上 丑亥亥 八專

辛酉日

干上	三伝	課
子	丑卯巳	元首
丑	卯午酉	遥剋
寅	寅午戌	重審
卯	未子巳	渉害
辰	卯酉卯	返吟
巳	亥午丑	重審
午	巳丑酉	知一
未	午卯子	元首
申	午辰寅	元首
酉	丑酉酉	別責
戌	酉戌未	伏吟
亥	亥子丑	重審

壬戌日

干上	三伝	課
子	亥子丑	重審
丑	子寅辰	重審
寅	辰未戌	遥剋
卯	未亥卯	重審
辰	辰酉寅	渉害
巳	巳亥巳	返吟
午	午丑申	重審
未	未卯亥	渉害
申	巳寅亥	元首
酉	午辰寅	元首
戌	戌酉申	元首
亥	亥戌未	伏吟

癸亥日

干上	三伝	課
子	戌酉申	元首
丑	丑戌未	伏吟
寅	丑寅卯	元首
卯	丑卯巳	渉害
辰	辰未戌	元首

巳　干上
酉丑巳
涉害

午　干上
午亥辰
重審

未　干上
巳亥巳
返吟

申　干上
卯戌巳
比用

酉　干上
未卯亥
涉害

戌　干上
巳寅亥
知一

亥　干上
未巳卯
遙剋

万年暦

6月丙午			5月乙巳			4月甲辰			3月癸卯			2月壬寅			1月辛丑			
6日 01：25			5日 21：25			5日 04：19			5日 23：43			4日 05：51			5日 18：15			
21日 18：14			21日 10：22			20日 11：23			21日 00：32			19日 01：43			20日 11：40			
七赤金星			八白土星			九紫火星			一白水星			二黒土星			三碧木星			
3日	七赤	乙酉	4月1日	三碧	甲寅	3月1日	九紫	甲申	1月29日	五黄	癸丑	1月1日	四緑	乙酉	11月29日	一白	甲寅	1
4日	八白	丙戌	4月2日	四緑	乙卯	3月2日	一白	乙酉	1月30日	六白	甲寅	1月2日	五黄	丙戌	11月30日	九紫	乙卯	2
5日	九紫	丁亥	4月3日	五黄	丙辰	3月3日	二黒	丙戌	2月1日	七赤	乙卯	1月3日	六白	丁亥	12月1日	八白	丙辰	3
6日	一白	戊子	4月4日	六白	丁巳	3月4日	三碧	丁亥	2月2日	八白	丙辰	1月4日	七赤	戊子	12月2日	七赤	丁巳	4
7日	二黒	己丑	4月5日	七赤	戊午	3月5日	四緑	戊子	2月3日	九紫	丁巳	1月5日	八白	己丑	12月3日	六白	戊午	5
8日	三碧	庚寅	4月6日	八白	己未	3月6日	五黄	己丑	2月4日	一白	戊午	1月6日	九紫	庚寅	12月4日	五黄	己未	6
9日	四緑	辛卯	4月7日	九紫	庚申	3月7日	六白	庚寅	2月5日	二黒	己未	1月7日	一白	辛卯	12月5日	四緑	庚申	7
10日	五黄	壬辰	4月8日	一白	辛酉	3月8日	七赤	辛卯	2月6日	三碧	庚申	1月8日	二黒	壬辰	12月6日	三碧	辛酉	8
11日	六白	癸巳	4月9日	二黒	壬戌	3月9日	八白	壬辰	2月7日	四緑	辛酉	1月9日	三碧	癸巳	12月7日	二黒	壬戌	9
12日	七赤	甲午	4月10日	三碧	癸亥	3月10日	九紫	癸巳	2月8日	五黄	壬戌	1月10日	四緑	甲午	12月8日	一白	癸亥	10
13日	八白	乙未	4月11日	四緑	甲子	3月11日	一白	甲午	2月9日	六白	癸亥	1月11日	五黄	乙未	12月9日	一白	甲子	11
14日	九紫	丙申	4月12日	五黄	乙丑	3月12日	二黒	乙未	2月10日	七赤	甲子	1月12日	六白	丙申	12月10日	二黒	乙丑	12
15日	一白	丁酉	4月13日	六白	丙寅	3月13日	三碧	丙申	2月11日	八白	乙丑	1月13日	七赤	丁酉	12月11日	三碧	丙寅	13
16日	二黒	戊戌	4月14日	七赤	丁卯	3月14日	四緑	丁酉	2月12日	九紫	丙寅	1月14日	八白	戊戌	12月12日	四緑	丁卯	14
17日	三碧	己亥	4月15日	八白	戊辰	3月15日	五黄	戊戌	2月13日	一白	丁卯	1月15日	九紫	己亥	12月13日	五黄	戊辰	15
18日	四緑	庚子	4月16日	九紫	己巳	3月16日	六白	己亥	2月14日	二黒	戊辰	1月16日	一白	庚子	12月14日	六白	己巳	16
19日	五黄	辛丑	4月17日	一白	庚午	3月17日	七赤	庚子	2月15日	三碧	己巳	1月17日	二黒	辛丑	12月15日	七赤	庚午	17
20日	六白	壬寅	4月18日	二黒	辛未	3月18日	八白	辛丑	2月16日	四緑	庚午	1月18日	三碧	壬寅	12月16日	八白	辛未	18
21日	七赤	癸卯	4月19日	三碧	壬申	3月19日	九紫	壬寅	2月17日	五黄	辛未	1月19日	四緑	癸卯	12月17日	九紫	壬申	19
22日	八白	甲辰	4月20日	四緑	癸酉	3月20日	一白	癸卯	2月18日	六白	壬申	1月20日	五黄	甲辰	12月18日	一白	癸酉	20
23日	九紫	乙巳	4月21日	五黄	甲戌	3月21日	二黒	甲辰	2月19日	七赤	癸酉	1月21日	六白	乙巳	12月19日	二黒	甲戌	21
24日	一白	丙午	4月22日	六白	乙亥	3月22日	三碧	乙巳	2月20日	八白	甲戌	1月22日	七赤	丙午	12月20日	三碧	乙亥	22
25日	二黒	丁未	4月23日	七赤	丙子	3月23日	四緑	丙午	2月21日	九紫	乙亥	1月23日	八白	丁未	12月21日	四緑	丙子	23
26日	三碧	戊申	4月24日	八白	丁丑	3月24日	五黄	丁未	2月22日	一白	丙子	1月24日	九紫	戊申	12月22日	五黄	丁丑	24
27日	四緑	己酉	4月25日	九紫	戊寅	3月25日	六白	戊申	2月23日	二黒	丁丑	1月25日	一白	己酉	12月23日	六白	戊寅	25
28日	五黄	庚戌	4月26日	一白	己卯	3月26日	七赤	己酉	2月24日	三碧	戊寅	1月26日	二黒	庚戌	12月24日	七赤	己卯	26
29日	六白	辛亥	4月27日	二黒	庚辰	3月27日	八白	庚戌	2月25日	四緑	己卯	1月27日	三碧	辛亥	12月25日	八白	庚辰	27
30日	七赤	壬子	4月28日	三碧	辛巳	3月28日	九紫	辛亥	2月26日	五黄	庚辰	1月28日	四緑	壬子	12月26日	九紫	辛巳	28
1日	八白	癸丑	4月29日	四緑	壬午	3月29日	一白	壬子	2月27日	六白	辛巳				12月27日	一白	壬午	29
2日	九紫	甲寅	5月1日	五黄	癸未	3月30日	二黒	癸丑	2月28日	七赤	壬午				12月28日	二黒	癸未	30
			5月2日	六白	甲申				2月29日	八白	癸未				12月29日	三碧	甲申	31

令和４年　2022年　壬寅年　五黄土星

	12月壬子			11月辛亥			10月庚戌			9月己酉			8月戊申			7月丁未	
	7日 12：46			7日 19：45			8日 16：21			8日 00：32			7日 21：29			7日 11：38	
	22日 06：48			22日 17：20			23日 19：35			23日 10：03			23日 12：16			23日 05：0	
	一白水星			二黒土星			三碧木星			四緑木星			五黄土星			六白金星	
1	11月8日	九紫	戊子	10月8日	三碧	戊午	9月6日	七赤	丁亥	8月6日	一白	丁巳	7月4日	五黄	丙戌	6月3日	一白
2	11月9日	八白	己丑	10月9日	二黒	己未	9月7日	六白	戊子	8月7日	九紫	戊午	7月5日	四緑	丁亥	6月4日	二黒
3	11月10日	七赤	庚寅	10月10日	一白	庚申	9月8日	五黄	己丑	8月8日	八白	己未	7月6日	三碧	戊子	6月5日	三碧
4	11月11日	六白	辛卯	10月11日	九紫	辛酉	9月9日	四緑	庚寅	8月9日	七赤	庚申	7月7日	二黒	己丑	6月6日	四緑
5	11月12日	五黄	壬辰	10月12日	八白	壬戌	9月10日	三碧	辛卯	8月10日	六白	辛酉	7月8日	一白	庚寅	6月7日	五黄
6	11月13日	四緑	癸巳	10月13日	七赤	癸亥	9月11日	二黒	壬辰	8月11日	五黄	壬戌	7月9日	九紫	辛卯	6月8日	六白
7	11月14日	三碧	甲午	10月14日	六白	甲子	9月12日	一白	癸巳	8月12日	四緑	癸亥	7月10日	八白	壬辰	6月9日	七赤
8	11月15日	二黒	乙未	10月15日	五黄	乙丑	9月13日	九紫	甲午	8月13日	三碧	甲子	7月11日	七赤	癸巳	6月10日	八白
9	11月16日	一白	丙申	10月16日	四緑	丙寅	9月14日	八白	乙未	8月14日	二黒	乙丑	7月12日	六白	甲午	6月11日	九紫
10	11月17日	九紫	丁酉	10月17日	三碧	丁卯	9月15日	七赤	丙申	8月15日	一白	丙寅	7月13日	五黄	乙未	6月12日	九紫
11	11月18日	八白	戊戌	10月18日	二黒	戊辰	9月16日	六白	丁酉	8月16日	九紫	丁卯	7月14日	四緑	丙申	6月13日	八白
12	11月19日	七赤	己亥	10月19日	一白	己巳	9月17日	五黄	戊戌	8月17日	八白	戊辰	7月15日	三碧	丁酉	6月14日	七赤
13	11月20日	六白	庚子	10月20日	九紫	庚午	9月18日	四緑	己亥	8月18日	七赤	己巳	7月16日	二黒	戊戌	6月15日	六白
14	11月21日	五黄	辛丑	10月21日	八白	辛未	9月19日	三碧	庚子	8月19日	六白	庚午	7月17日	一白	己亥	6月16日	五黄
15	11月22日	四緑	壬寅	10月22日	七赤	壬申	9月20日	二黒	辛丑	8月20日	五黄	辛未	7月18日	九紫	庚子	6月17日	四緑
16	11月23日	三碧	癸卯	10月23日	六白	癸酉	9月21日	一白	壬寅	8月21日	四緑	壬申	7月19日	八白	辛丑	6月18日	三碧
17	11月24日	二黒	甲辰	10月24日	五黄	甲戌	9月22日	九紫	癸卯	8月22日	三碧	癸酉	7月20日	七赤	壬寅	6月19日	二黒
18	11月25日	一白	乙巳	10月25日	四緑	乙亥	9月23日	八白	甲辰	8月23日	二黒	甲戌	7月21日	六白	癸卯	6月20日	一白
19	11月26日	九紫	丙午	10月26日	三碧	丙子	9月24日	七赤	乙巳	8月24日	一白	乙亥	7月22日	五黄	甲辰	6月21日	九紫
20	11月27日	八白	丁未	10月27日	二黒	丁丑	9月25日	六白	丙午	8月25日	九紫	丙子	7月23日	四緑	乙巳	6月22日	八白
21	11月28日	七赤	戊申	10月28日	一白	戊寅	9月26日	五黄	丁未	8月26日	八白	丁丑	7月24日	三碧	丙午	6月23日	七赤
22	11月29日	六白	己酉	10月29日	九紫	己卯	9月27日	四緑	戊申	8月27日	七赤	戊寅	7月25日	二黒	丁未	6月24日	六白
23	12月1日	五黄	庚戌	10月30日	八白	庚辰	9月28日	三碧	己酉	8月28日	六白	己卯	7月26日	一白	戊申	6月25日	五黄
24	12月2日	四緑	辛亥	11月1日	七赤	辛巳	9月29日	二黒	庚戌	8月29日	五黄	庚辰	7月27日	九紫	己酉	6月26日	四緑
25	12月3日	三碧	壬子	11月2日	六白	壬午	10月1日	一白	辛亥	8月30日	四緑	辛巳	7月28日	八白	庚戌	6月27日	三碧
26	12月4日	二黒	癸丑	11月3日	五黄	癸未	10月2日	九紫	壬子	9月1日	三碧	壬午	7月29日	七赤	辛亥	6月28日	二黒
27	12月5日	一白	甲寅	11月4日	四緑	甲申	10月3日	八白	癸丑	9月2日	二黒	癸未	8月1日	六白	壬子	6月29日	一白
28	12月6日	九紫	乙卯	11月5日	三碧	乙酉	10月4日	七赤	甲寅	9月3日	一白	甲申	8月2日	五黄	癸丑	6月30日	九紫
29	12月7日	八白	丙辰	11月6日	二黒	丙戌	10月5日	六白	乙卯	9月4日	九紫	乙酉	8月3日	四緑	甲寅	7月1日	八白
30	12月8日	七赤	丁巳	11月7日	一白	丁亥	10月6日	五黄	丙辰	9月5日	八白	丙戌	8月4日	三碧	乙卯	7月2日	七赤
31	12月9日	六白	戊午				10月7日	四緑	丁巳				8月5日	二黒	丙辰	7月3日	六白

6月戊午			5月丁巳			4月丙辰			3月乙卯			2月甲寅			1月癸丑			
6日 07：18			6日 03：18			5日 10：12			6日 05：35			4日 11：43			6日 00：05			
21日 23：58			21日 16：08			20日 17：12			21日 06：23			19日 07：34			20日 17：30			
四緑木星			五黄土星			六白金星			七赤金星			八白土星			九紫火星			
13日	三碧	庚寅	3月12日	八白	己未	閏2月11日	五黄	己丑	2月10日	一白	戊午	1月11日	九紫	庚寅	12月10日	五黄	己未	1
14日	四緑	辛卯	3月13日	九紫	庚申	閏2月12日	六白	庚寅	2月11日	二黒	己未	1月12日	一白	辛卯	12月11日	四緑	庚申	2
15日	五黄	壬辰	3月14日	一白	辛酉	閏2月13日	七赤	辛卯	2月12日	三碧	庚申	1月13日	二黒	壬辰	12月12日	三碧	辛酉	3
16日	六白	癸巳	3月15日	二黒	壬戌	閏2月14日	八白	壬辰	2月13日	四緑	辛酉	1月14日	三碧	癸巳	12月13日	二黒	壬戌	4
17日	七赤	甲午	3月16日	三碧	癸亥	閏2月15日	九紫	癸巳	2月14日	五黄	壬戌	1月15日	四緑	甲午	12月14日	一白	癸亥	5
18日	八白	乙未	3月17日	四緑	甲子	閏2月16日	一白	甲午	2月15日	六白	癸亥	1月16日	五黄	乙未	12月15日	一白	甲子	6
19日	九紫	丙申	3月18日	五黄	乙丑	閏2月17日	二黒	乙未	2月16日	七赤	甲子	1月17日	六白	丙申	12月16日	二黒	乙丑	7
20日	一白	丁酉	3月19日	六白	丙寅	閏2月18日	三碧	丙申	2月17日	八白	乙丑	1月18日	七赤	丁酉	12月17日	三碧	丙寅	8
21日	二黒	戊戌	3月20日	七赤	丁卯	閏2月19日	四緑	丁酉	2月18日	九紫	丙寅	1月19日	八白	戊戌	12月18日	四緑	丁卯	9
22日	三碧	己亥	3月21日	八白	戊辰	閏2月20日	五黄	戊戌	2月19日	一白	丁卯	1月20日	九紫	己亥	12月19日	五黄	戊辰	10
23日	四緑	庚子	3月22日	九紫	己巳	閏2月21日	六白	己亥	2月20日	二黒	戊辰	1月21日	一白	庚子	12月20日	六白	己巳	11
24日	五黄	辛丑	3月23日	一白	庚午	閏2月22日	七赤	庚子	2月21日	三碧	己巳	1月22日	二黒	辛丑	12月21日	七赤	庚午	12
25日	六白	壬寅	3月24日	二黒	辛未	閏2月23日	八白	辛丑	2月22日	四緑	庚午	1月23日	三碧	壬寅	12月22日	八白	辛未	13
26日	七赤	癸卯	3月25日	三碧	壬申	閏2月24日	九紫	壬寅	2月23日	五黄	辛未	1月24日	四緑	癸卯	12月23日	九紫	壬申	14
27日	八白	甲辰	3月26日	四緑	癸酉	閏2月25日	一白	癸卯	2月24日	六白	壬申	1月25日	五黄	甲辰	12月24日	一白	癸酉	15
28日	九紫	乙巳	3月27日	五黄	甲戌	閏2月26日	二黒	甲辰	2月25日	七赤	癸酉	1月26日	六白	乙巳	12月25日	二黒	甲戌	16
29日	一白	丙午	3月28日	六白	乙亥	閏2月27日	三碧	乙巳	2月26日	八白	甲戌	1月27日	七赤	丙午	12月26日	三碧	乙亥	17
1日	二黒	丁未	3月29日	七赤	丙子	閏2月28日	四緑	丙午	2月27日	九紫	乙亥	1月28日	八白	丁未	12月27日	四緑	丙子	18
2日	三碧	戊申	3月30日	八白	丁丑	閏2月29日	五黄	丁未	2月28日	一白	丙子	1月29日	九紫	戊申	12月28日	五黄	丁丑	19
3日	四緑	己酉	4月1日	九紫	戊寅	3月1日	六白	戊申	2月29日	二黒	丁丑	2月1日	一白	己酉	12月29日	六白	戊寅	20
4日	五黄	庚戌	4月2日	一白	己卯	3月2日	七赤	己酉	2月30日	三碧	戊寅	2月2日	二黒	庚戌	12月30日	七赤	己卯	21
5日	六白	辛亥	4月3日	二黒	庚辰	3月3日	八白	庚戌	閏2月1日	四緑	己卯	2月3日	三碧	辛亥	1月1日	八白	庚辰	22
6日	七赤	壬子	4月4日	三碧	辛巳	3月4日	九紫	辛亥	閏2月2日	五黄	庚辰	2月4日	四緑	壬子	1月2日	九紫	辛巳	23
7日	八白	癸丑	4月5日	四緑	壬午	3月5日	一白	壬子	閏2月3日	六白	辛巳	2月5日	五黄	癸丑	1月3日	一白	壬午	24
8日	九紫	甲寅	4月6日	五黄	癸未	3月6日	二黒	癸丑	閏2月4日	七赤	壬午	2月6日	六白	甲寅	1月4日	二黒	癸未	25
9日	一白	乙卯	4月7日	六白	甲申	3月7日	三碧	甲寅	閏2月5日	八白	癸未	2月7日	七赤	乙卯	1月5日	三碧	甲申	26
0日	二黒	丙辰	4月8日	七赤	乙酉	3月8日	四緑	乙卯	閏2月6日	九紫	甲申	2月8日	八白	丙辰	1月6日	四緑	乙酉	27
1日	三碧	丁巳	4月9日	八白	丙戌	3月9日	五黄	丙辰	閏2月7日	一白	乙酉	2月9日	九紫	丁巳	1月7日	五黄	丙戌	28
2日	四緑	戊午	4月10日	九紫	丁亥	3月10日	六白	丁巳	閏2月8日	二黒	丙戌				1月8日	六白	丁亥	29
3日	五黄	己未	4月11日	一白	戊子	3月11日	七赤	戊午	閏2月9日	三碧	丁亥				1月9日	七赤	戊子	30
			4月12日	二黒	己丑				閏2月10日	四緑	戊子				1月10日	八白	己丑	31

令和５年　2023年　癸卯年　四緑木星

	12月甲子			11月癸亥			10月壬戌			9月辛酉			8月庚申			7月己未	
	7日 18：33			8日 01：35			8日 22：15			8日 06：26			8日 03：22			7日 17：3	
	22日 12：27			22日 23：02			24日 01：20			23日 15：49			23日 18：01			23日 10：5	
	七赤金星			八白土星			九紫火星			一白水星			二黒土星			三碧木星	
1	10月19日	四緑	癸巳	9月18日	七赤	癸亥	8月17日	二黒	壬辰	7月17日	五黄	壬戌	6月15日	九紫	辛卯	5月14日	六白
2	10月20日	三碧	甲午	9月19日	六白	甲子	8月18日	一白	癸巳	7月18日	四緑	癸亥	6月16日	八白	壬辰	5月15日	七赤
3	10月21日	二黒	乙未	9月20日	五黄	乙丑	8月19日	九紫	甲午	7月19日	三碧	甲子	6月17日	七赤	癸巳	5月16日	八白
4	10月22日	一白	丙申	9月21日	四緑	丙寅	8月20日	八白	乙未	7月20日	二黒	乙丑	6月18日	六白	甲午	5月17日	九紫
5	10月23日	九紫	丁酉	9月22日	三碧	丁卯	8月21日	七赤	丙申	7月21日	一白	丙寅	6月19日	五黄	乙未	5月18日	九紫
6	10月24日	八白	戊戌	9月23日	二黒	戊辰	8月22日	六白	丁酉	7月22日	九紫	丁卯	6月20日	四緑	丙申	5月19日	八白
7	10月25日	七赤	己亥	9月24日	一白	己巳	8月23日	五黄	戊戌	7月23日	八白	戊辰	6月21日	三碧	丁酉	5月20日	七赤
8	10月26日	六白	庚子	9月25日	九紫	庚午	8月24日	四緑	己亥	7月24日	七赤	己巳	6月22日	二黒	戊戌	5月21日	六白
9	10月27日	五黄	辛丑	9月26日	八白	辛未	8月25日	三碧	庚子	7月25日	六白	庚午	6月23日	一白	己亥	5月22日	五黄
10	10月28日	四緑	壬寅	9月27日	七赤	壬申	8月26日	二黒	辛丑	7月26日	五黄	辛未	6月24日	九紫	庚子	5月23日	四緑
11	10月29日	三碧	癸卯	9月28日	六白	癸酉	8月27日	一白	壬寅	7月27日	四緑	壬申	6月25日	八白	辛丑	5月24日	三碧
12	10月30日	二黒	甲辰	9月29日	五黄	甲戌	8月28日	九紫	癸卯	7月28日	三碧	癸酉	6月26日	七赤	壬寅	5月25日	二黒
13	11月1日	一白	乙巳	10月1日	四緑	乙亥	8月29日	八白	甲辰	7月29日	二黒	甲戌	6月27日	六白	癸卯	5月26日	一白
14	11月2日	九紫	丙午	10月2日	三碧	丙子	8月30日	七赤	乙巳	7月30日	一白	乙亥	6月28日	五黄	甲辰	5月27日	九紫
15	11月3日	八白	丁未	10月3日	二黒	丁丑	9月1日	六白	丙午	8月1日	九紫	丙子	6月29日	四緑	乙巳	5月28日	八白
16	11月4日	七赤	戊申	10月4日	一白	戊寅	9月2日	五黄	丁未	8月2日	八白	丁丑	7月1日	三碧	丙午	5月29日	七赤
17	11月5日	六白	己酉	10月5日	九紫	己卯	9月3日	四緑	戊申	8月3日	七赤	戊寅	7月2日	二黒	丁未	5月30日	六白
18	11月6日	五黄	庚戌	10月6日	八白	庚辰	9月4日	三碧	己酉	8月4日	六白	己卯	7月3日	一白	戊申	6月1日	五黄
19	11月7日	四緑	辛亥	10月7日	七赤	辛巳	9月5日	二黒	庚戌	8月5日	五黄	庚辰	7月4日	九紫	己酉	6月2日	四緑
20	11月8日	三碧	壬子	10月8日	六白	壬午	9月6日	一白	辛亥	8月6日	四緑	辛巳	7月5日	八白	庚戌	6月3日	三碧
21	11月9日	二黒	癸丑	10月9日	五黄	癸未	9月7日	九紫	壬子	8月7日	三碧	壬午	7月6日	七赤	辛亥	6月4日	二黒
22	11月10日	一白	甲寅	10月10日	四緑	甲申	9月8日	八白	癸丑	8月8日	二黒	癸未	7月7日	六白	壬子	6月5日	一白
23	11月11日	九紫	乙卯	10月11日	三碧	乙酉	9月9日	七赤	甲寅	8月9日	一白	甲申	7月8日	五黄	癸丑	6月6日	九紫
24	11月12日	八白	丙辰	10月12日	二黒	丙戌	9月10日	六白	乙卯	8月10日	九紫	乙酉	7月9日	四緑	甲寅	6月7日	八白
25	11月13日	七赤	丁巳	10月13日	一白	丁亥	9月11日	五黄	丙辰	8月11日	八白	丙戌	7月10日	三碧	乙卯	6月8日	七赤
26	11月14日	六白	戊午	10月14日	九紫	戊子	9月12日	四緑	丁巳	8月12日	七赤	丁亥	7月11日	二黒	丙辰	6月9日	六白
27	11月15日	五黄	己未	10月15日	八白	己丑	9月13日	三碧	戊午	8月13日	六白	戊子	7月12日	一白	丁巳	6月10日	五黄
28	11月16日	四緑	庚申	10月16日	七赤	庚寅	9月14日	二黒	己未	8月14日	五黄	己丑	7月13日	九紫	戊午	6月11日	四緑
29	11月17日	三碧	辛酉	10月17日	六白	辛卯	9月15日	一白	庚申	8月15日	四緑	庚寅	7月14日	八白	己未	6月12日	三碧
30	11月18日	二黒	壬戌	10月18日	五黄	壬辰	9月16日	九紫	辛酉	8月16日	三碧	辛卯	7月15日	七赤	庚申	6月13日	二黒
31	11月19日	一白	癸亥				9月17日	八白	壬戌				7月16日	六白	辛酉	6月14日	一白

6月庚午			5月己巳			4月戊辰			3月丁卯			2月丙寅			1月乙丑			
5日 13：09			5日 09：09			4日 16：01			5日 11：22			4日 17：27			6日 05：49			
1日 05：50			20日 21：59			19日 22：59			20日 12：06			19日 13：13			20日 23：07			
一白水星			二黒土星			三碧木星			四緑木星			五黄土星			六白金星			
25日	九紫	丙申	3月23日	五黄	乙丑	2月23日	二黒	乙未	1月21日	七赤	甲子	12月22日	五黄	乙未	11月20日	一白	甲子	1
26日	一白	丁酉	3月24日	六白	丙寅	2月24日	三碧	丙申	1月22日	八白	乙丑	12月23日	六白	丙申	11月21日	二黒	乙丑	2
27日	二黒	戊戌	3月25日	七赤	丁卯	2月25日	四緑	丁酉	1月23日	九紫	丙寅	12月24日	七赤	丁酉	11月22日	三碧	丙寅	3
28日	三碧	己亥	3月26日	八白	戊辰	2月26日	五黄	戊戌	1月24日	一白	丁卯	12月25日	八白	戊戌	11月23日	四緑	丁卯	4
29日	四緑	庚子	3月27日	九紫	己巳	2月27日	六白	己亥	1月25日	二黒	戊辰	12月26日	九紫	己亥	11月24日	五黄	戊辰	5
1日	五黄	辛丑	3月28日	一白	庚午	2月28日	七赤	庚子	1月26日	三碧	己巳	12月27日	一白	庚子	11月25日	六白	己巳	6
2日	六白	壬寅	3月29日	二黒	辛未	2月29日	八白	辛丑	1月27日	四緑	庚午	12月28日	二黒	辛丑	11月26日	七赤	庚午	7
3日	七赤	癸卯	4月1日	三碧	壬申	2月30日	九紫	壬寅	1月28日	五黄	辛未	12月29日	三碧	壬寅	11月27日	八白	辛未	8
4日	八白	甲辰	4月2日	四緑	癸酉	3月1日	一白	癸卯	1月29日	六白	壬申	12月30日	四緑	癸卯	11月28日	九紫	壬申	9
5日	九紫	乙巳	4月3日	五黄	甲戌	3月2日	二黒	甲辰	2月1日	七赤	癸酉	1月1日	五黄	甲辰	11月29日	一白	癸酉	10
6日	一白	丙午	4月4日	六白	乙亥	3月3日	三碧	乙巳	2月2日	八白	甲戌	1月2日	六白	乙巳	12月1日	二黒	甲戌	11
7日	二黒	丁未	4月5日	七赤	丙子	3月4日	四緑	丙午	2月3日	九紫	乙亥	1月3日	七赤	丙午	12月2日	三碧	乙亥	12
8日	三碧	戊申	4月6日	八白	丁丑	3月5日	五黄	丁未	2月4日	一白	丙子	1月4日	八白	丁未	12月3日	四緑	丙子	13
9日	四緑	己酉	4月7日	九紫	戊寅	3月6日	六白	戊申	2月5日	二黒	丁丑	1月5日	九紫	戊申	12月4日	五黄	丁丑	14
0日	五黄	庚戌	4月8日	一白	己卯	3月7日	七赤	己酉	2月6日	三碧	戊寅	1月6日	一白	己酉	12月5日	六白	戊寅	15
1日	六白	辛亥	4月9日	二黒	庚辰	3月8日	八白	庚戌	2月7日	四緑	己卯	1月7日	二黒	庚戌	12月6日	七赤	己卯	16
2日	七赤	壬子	4月10日	三碧	辛巳	3月9日	九紫	辛亥	2月8日	五黄	庚辰	1月8日	三碧	辛亥	12月7日	八白	庚辰	17
3日	八白	癸丑	4月11日	四緑	壬午	3月10日	一白	壬子	2月9日	六白	辛巳	1月9日	四緑	壬子	12月8日	九紫	辛巳	18
4日	九紫	甲寅	4月12日	五黄	癸未	3月11日	二黒	癸丑	2月10日	七赤	壬午	1月10日	五黄	癸丑	12月9日	一白	壬午	19
5日	一白	乙卯	4月13日	六白	甲申	3月12日	三碧	甲寅	2月11日	八白	癸未	1月11日	六白	甲寅	12月10日	二黒	癸未	20
6日	二黒	丙辰	4月14日	七赤	乙酉	3月13日	四緑	乙卯	2月12日	九紫	甲申	1月12日	七赤	乙卯	12月11日	三碧	甲申	21
7日	三碧	丁巳	4月15日	八白	丙戌	3月14日	五黄	丙辰	2月13日	一白	乙酉	1月13日	八白	丙辰	12月12日	四緑	乙酉	22
8日	四緑	戊午	4月16日	九紫	丁亥	3月15日	六白	丁巳	2月14日	二黒	丙戌	1月14日	九紫	丁巳	12月13日	五黄	丙戌	23
9日	五黄	己未	4月17日	一白	戊子	3月16日	七赤	戊午	2月15日	三碧	丁亥	1月15日	一白	戊午	12月14日	六白	丁亥	24
0日	六白	庚申	4月18日	二黒	己丑	3月17日	八白	己未	2月16日	四緑	戊子	1月16日	二黒	己未	12月15日	七赤	戊子	25
1日	七赤	辛酉	4月19日	三碧	庚寅	3月18日	九紫	庚申	2月17日	五黄	己丑	1月17日	三碧	庚申	12月16日	八白	己丑	26
2日	八白	壬戌	4月20日	四緑	辛卯	3月19日	一白	辛酉	2月18日	六白	庚寅	1月18日	四緑	辛酉	12月17日	九紫	庚寅	27
3日	九紫	癸亥	4月21日	五黄	壬辰	3月20日	二黒	壬戌	2月19日	七赤	辛卯	1月19日	五黄	壬戌	12月18日	一白	辛卯	28
4日	九紫	甲子	4月22日	六白	癸巳	3月21日	三碧	癸亥	2月20日	八白	壬辰	1月20日	六白	癸亥	12月19日	二黒	壬辰	29
5日	八白	乙丑	4月23日	七赤	甲午	3月22日	四緑	甲子	2月21日	九紫	癸巳				12月20日	三碧	癸巳	30
			4月24日	八白	乙未				2月22日	一白	甲午				12月21日	四緑	甲午	31

令和6年 2024年 甲辰年 三碧木星																	
	12月丙子			11月乙亥			10月甲戌			9月癸酉			8月壬申			7月辛未	
	7日 00：17			7日 07：20			8日 03：59			7日 12：11			7日 09：09			6日 23：1	
	21日 18：20			22日 04：56			23日 07：14			22日 21：43			22日 23：54			22日 16：4	
	四緑木星			五黄土星			六白金星			七赤金星			八白土星			九紫火星	
1	11月1日	七赤	己亥	10月1日	一白	己巳	8月29日	五黄	戊戌	7月29日	八白	戊辰	6月27日	三碧	丁酉	5月26日	七赤
2	11月2日	六白	庚子	10月2日	九紫	庚午	8月30日	四緑	己亥	7月30日	七赤	己巳	6月28日	二黒	戊戌	5月27日	六白
3	11月3日	五黄	辛丑	10月3日	八白	辛未	9月1日	三碧	庚子	8月1日	六白	庚午	6月29日	一白	己亥	5月28日	五黄
4	11月4日	四緑	壬寅	10月4日	七赤	壬申	9月2日	二黒	辛丑	8月2日	五黄	辛未	7月1日	九紫	庚子	5月29日	四緑
5	11月5日	三碧	癸卯	10月5日	六白	癸酉	9月3日	一白	壬寅	8月3日	四緑	壬申	7月2日	八白	辛丑	5月30日	三碧
6	11月6日	二黒	甲辰	10月6日	五黄	甲戌	9月4日	九紫	癸卯	8月4日	三碧	癸酉	7月3日	七赤	壬寅	6月1日	二黒
7	11月7日	一白	乙巳	10月7日	四緑	乙亥	9月5日	八白	甲辰	8月5日	二黒	甲戌	7月4日	六白	癸卯	6月2日	一白
8	11月8日	九紫	丙午	10月8日	三碧	丙子	9月6日	七赤	乙巳	8月6日	一白	乙亥	7月5日	五黄	甲辰	6月3日	九紫
9	11月9日	八白	丁未	10月9日	二黒	丁丑	9月7日	六白	丙午	8月7日	九紫	丙子	7月6日	四緑	乙巳	6月4日	八白
10	11月10日	七赤	戊申	10月10日	一白	戊寅	9月8日	五黄	丁未	8月8日	八白	丁丑	7月7日	三碧	丙午	6月5日	七赤
11	11月11日	六白	己酉	10月11日	九紫	己卯	9月9日	四緑	戊申	8月9日	七赤	戊寅	7月8日	二黒	丁未	6月6日	六白
12	11月12日	五黄	庚戌	10月12日	八白	庚辰	9月10日	三碧	己酉	8月10日	六白	己卯	7月9日	一白	戊申	6月7日	五黄
13	11月13日	四緑	辛亥	10月13日	七赤	辛巳	9月11日	二黒	庚戌	8月11日	五黄	庚辰	7月10日	九紫	己酉	6月8日	四緑
14	11月14日	三碧	壬子	10月14日	六白	壬午	9月12日	一白	辛亥	8月12日	四緑	辛巳	7月11日	八白	庚戌	6月9日	三碧
15	11月15日	二黒	癸丑	10月15日	五黄	癸未	9月13日	九紫	壬子	8月13日	三碧	壬午	7月12日	七赤	辛亥	6月10日	二黒
16	11月16日	一白	甲寅	10月16日	四緑	甲申	9月14日	八白	癸丑	8月14日	二黒	癸未	7月13日	六白	壬子	6月11日	一白
17	11月17日	九紫	乙卯	10月17日	三碧	乙酉	9月15日	七赤	甲寅	8月15日	一白	甲申	7月14日	五黄	癸丑	6月12日	九紫
18	11月18日	八白	丙辰	10月18日	二黒	丙戌	9月16日	六白	乙卯	8月16日	九紫	乙酉	7月15日	四緑	甲寅	6月13日	八白
19	11月19日	七赤	丁巳	10月19日	一白	丁亥	9月17日	五黄	丙辰	8月17日	八白	丙戌	7月16日	三碧	乙卯	6月14日	七赤
20	11月20日	六白	戊午	10月20日	九紫	戊子	9月18日	四緑	丁巳	8月18日	七赤	丁亥	7月17日	二黒	丙辰	6月15日	六白
21	11月21日	五黄	己未	10月21日	八白	己丑	9月19日	三碧	戊午	8月19日	六白	戊子	7月18日	一白	丁巳	6月16日	五黄
22	11月22日	四緑	庚申	10月22日	七赤	庚寅	9月20日	二黒	己未	8月20日	五黄	己丑	7月19日	九紫	戊午	6月17日	四緑
23	11月23日	三碧	辛酉	10月23日	六白	辛卯	9月21日	一白	庚申	8月21日	四緑	庚寅	7月20日	八白	己未	6月18日	三碧
24	11月24日	二黒	壬戌	10月24日	五黄	壬辰	9月22日	九紫	辛酉	8月22日	三碧	辛卯	7月21日	七赤	庚申	6月19日	二黒
25	11月25日	一白	癸亥	10月25日	四緑	癸巳	9月23日	八白	壬戌	8月23日	二黒	壬辰	7月22日	六白	辛酉	6月20日	一白
26	11月26日	一白	甲子	10月26日	三碧	甲午	9月24日	七赤	癸亥	8月24日	一白	癸巳	7月23日	五黄	壬戌	6月21日	九紫
27	11月27日	二黒	乙丑	10月27日	二黒	乙未	9月25日	六白	甲子	8月25日	九紫	甲午	7月24日	四緑	癸亥	6月22日	八白
28	11月28日	三碧	丙寅	10月28日	一白	丙申	9月26日	五黄	乙丑	8月26日	八白	乙未	7月25日	三碧	甲子	6月23日	七赤
29	11月29日	四緑	丁卯	10月29日	九紫	丁酉	9月27日	四緑	丙寅	8月27日	七赤	丙申	7月26日	二黒	乙丑	6月24日	六白
30	11月30日	五黄	戊辰	10月30日	八白	戊戌	9月28日	三碧	丁卯	8月28日	六白	丁酉	7月27日	一白	丙寅	6月25日	五黄
31	12月1日	六白	己巳				9月29日	二黒	戊辰				7月28日	九紫	丁卯	6月26日	四緑

6月壬午			5月辛巳			4月庚辰			3月己卯			2月戊寅			1月丁丑			
日 18：56			5日 14：56			4日 21：48			5日 17：07			3日 23：10			5日 11：32			
1日 11：41			21日 03：54			20日 04：55			20日 18：01			18日 19：06			20日 05：00			
七赤金星			八白土星			九紫火星			一白水星			二黒土星			三碧木星			
6日	五黄	辛丑	4月4日	一白	庚午	3月4日	七赤	庚子	2月2日	三碧	己巳	1月4日	二黒	辛丑	12月2日	七赤	庚午	1
7日	六白	壬寅	4月5日	二黒	辛未	3月5日	八白	辛丑	2月3日	四緑	庚午	1月5日	三碧	壬寅	12月3日	八白	辛未	2
8日	七赤	癸卯	4月6日	三碧	壬申	3月6日	九紫	壬寅	2月4日	五黄	辛未	1月6日	四緑	癸卯	12月4日	九紫	壬申	3
9日	八白	甲辰	4月7日	四緑	癸酉	3月7日	一白	癸卯	2月5日	六白	壬申	1月7日	五黄	甲辰	12月5日	一白	癸酉	4
0日	九紫	乙巳	4月8日	五黄	甲戌	3月8日	二黒	甲辰	2月6日	七赤	癸酉	1月8日	六白	乙巳	12月6日	二黒	甲戌	5
1日	一白	丙午	4月9日	六白	乙亥	3月9日	三碧	乙巳	2月7日	八白	甲戌	1月9日	七赤	丙午	12月7日	三碧	乙亥	6
2日	二黒	丁未	4月10日	七赤	丙子	3月10日	四緑	丙午	2月8日	九紫	乙亥	1月10日	八白	丁未	12月8日	四緑	丙子	7
3日	三碧	戊申	4月11日	八白	丁丑	3月11日	五黄	丁未	2月9日	一白	丙子	1月11日	九紫	戊申	12月9日	五黄	丁丑	8
4日	四緑	己酉	4月12日	九紫	戊寅	3月12日	六白	戊申	2月10日	二黒	丁丑	1月12日	一白	己酉	12月10日	六白	戊寅	9
5日	五黄	庚戌	4月13日	一白	己卯	3月13日	七赤	己酉	2月11日	三碧	戊寅	1月13日	二黒	庚戌	12月11日	七赤	己卯	10
6日	六白	辛亥	4月14日	二黒	庚辰	3月14日	八白	庚戌	2月12日	四緑	己卯	1月14日	三碧	辛亥	12月12日	八白	庚辰	11
7日	七赤	壬子	4月15日	三碧	辛巳	3月15日	九紫	辛亥	2月13日	五黄	庚辰	1月15日	四緑	壬子	12月13日	九紫	辛巳	12
8日	八白	癸丑	4月16日	四緑	壬午	3月16日	一白	壬子	2月14日	六白	辛巳	1月16日	五黄	癸丑	12月14日	一白	壬午	13
9日	九紫	甲寅	4月17日	五黄	癸未	3月17日	二黒	癸丑	2月15日	七赤	壬午	1月17日	六白	甲寅	12月15日	二黒	癸未	14
0日	一白	乙卯	4月18日	六白	甲申	3月18日	三碧	甲寅	2月16日	八白	癸未	1月18日	七赤	乙卯	12月16日	三碧	甲申	15
1日	二黒	丙辰	4月19日	七赤	乙酉	3月19日	四緑	乙卯	2月17日	九紫	甲申	1月19日	八白	丙辰	12月17日	四緑	乙酉	16
2日	三碧	丁巳	4月20日	八白	丙戌	3月20日	五黄	丙辰	2月18日	一白	乙酉	1月20日	九紫	丁巳	12月18日	五黄	丙戌	17
3日	四緑	戊午	4月21日	九紫	丁亥	3月21日	六白	丁巳	2月19日	二黒	丙戌	1月21日	一白	戊午	12月19日	六白	丁亥	18
4日	五黄	己未	4月22日	一白	戊子	3月22日	七赤	戊午	2月20日	三碧	丁亥	1月22日	二黒	己未	12月20日	七赤	戊子	19
5日	六白	庚申	4月23日	二黒	己丑	3月23日	八白	己未	2月21日	四緑	戊子	1月23日	三碧	庚申	12月21日	八白	己丑	20
6日	七赤	辛酉	4月24日	三碧	庚寅	3月24日	九紫	庚申	2月22日	五黄	己丑	1月24日	四緑	辛酉	12月22日	九紫	庚寅	21
7日	八白	壬戌	4月25日	四緑	辛卯	3月25日	一白	辛酉	2月23日	六白	庚寅	1月25日	五黄	壬戌	12月23日	一白	辛卯	22
8日	九紫	癸亥	4月26日	五黄	壬辰	3月26日	二黒	壬戌	2月24日	七赤	辛卯	1月26日	六白	癸亥	12月24日	二黒	壬辰	23
9日	九紫	甲子	4月27日	六白	癸巳	3月27日	三碧	癸亥	2月25日	八白	壬辰	1月27日	七赤	甲子	12月25日	三碧	癸巳	24
日	八白	乙丑	4月28日	七赤	甲午	3月28日	四緑	甲子	2月26日	九紫	癸巳	1月28日	八白	乙丑	12月26日	四緑	甲午	25
2日	七赤	丙寅	4月29日	八白	乙未	3月29日	五黄	乙丑	2月27日	一白	甲午	1月29日	九紫	丙寅	12月27日	五黄	乙未	26
3日	六白	丁卯	5月1日	九紫	丙申	3月30日	六白	丙寅	2月28日	二黒	乙未	1月30日	一白	丁卯	12月28日	六白	丙申	27
4日	五黄	戊辰	5月2日	一白	丁酉	4月1日	七赤	丁卯	2月29日	三碧	丙申	2月1日	二黒	戊辰	12月29日	七赤	丁酉	28
5日	四緑	己巳	5月3日	二黒	戊戌	4月2日	八白	戊辰	3月1日	四緑	丁酉				1月1日	八白	戊戌	29
6日	三碧	庚午	5月4日	三碧	己亥	4月3日	九紫	己巳	3月2日	五黄	戊戌				1月2日	九紫	己亥	30
			5月5日	四緑	庚子				3月3日	六白	己亥				1月3日	一白	庚子	31

令和７年　2025年　乙巳年　二黒土星

	12月戊子			11月丁亥			10月丙戌			9月乙酉			8月甲申			7月癸未	
	7日 06：04			7日 13：04			8日 09：41			7日 17：52			7日 14：51			7日 05：0	
	22日 00：02			22日 10：35			23日 12：51			23日 03：19			23日 05：33			22日 22：	
	一白水星			二黒土星			三碧木星			四緑木星			五黄土星			六白金星	
1	10月12日	二黒	甲辰	9月12日	五黄	甲戌	8月10日	九紫	癸卯	7月10日	三碧	癸酉	閏6月8日	七赤	壬寅	6月7日	二黒
2	10月13日	一白	乙巳	9月13日	四緑	乙亥	8月11日	八白	甲辰	7月11日	二黒	甲戌	閏6月9日	六白	癸卯	6月8日	一白
3	10月14日	九紫	丙午	9月14日	三碧	丙子	8月12日	七赤	乙巳	7月12日	一白	乙亥	閏6月10日	五黄	甲辰	6月9日	九紫
4	10月15日	八白	丁未	9月15日	二黒	丁丑	8月13日	六白	丙午	7月13日	九紫	丙子	閏6月11日	四緑	乙巳	6月10日	八白
5	10月16日	七赤	戊申	9月16日	一白	戊寅	8月14日	五黄	丁未	7月14日	八白	丁丑	閏6月12日	三碧	丙午	6月11日	七赤
6	10月17日	六白	己酉	9月17日	九紫	己卯	8月15日	四緑	戊申	7月15日	七赤	戊寅	閏6月13日	二黒	丁未	6月12日	六白
7	10月18日	五黄	庚戌	9月18日	八白	庚辰	8月16日	三碧	己酉	7月16日	六白	己卯	閏6月14日	一白	戊申	6月13日	五黄
8	10月19日	四緑	辛亥	9月19日	七赤	辛巳	8月17日	二黒	庚戌	7月17日	五黄	庚辰	閏6月15日	九紫	己酉	6月14日	四緑
9	10月20日	三碧	壬子	9月20日	六白	壬午	8月18日	一白	辛亥	7月18日	四緑	辛巳	閏6月16日	八白	庚戌	6月15日	三碧
10	10月21日	二黒	癸丑	9月21日	五黄	癸未	8月19日	九紫	壬子	7月19日	三碧	壬午	閏6月17日	七赤	辛亥	6月16日	二黒
11	10月22日	一白	甲寅	9月22日	四緑	甲申	8月20日	八白	癸丑	7月20日	二黒	癸未	閏6月18日	六白	壬子	6月17日	一白
12	10月23日	九紫	乙卯	9月23日	三碧	乙酉	8月21日	七赤	甲寅	7月21日	一白	甲申	閏6月19日	五黄	癸丑	6月18日	九紫
13	10月24日	八白	丙辰	9月24日	二黒	丙戌	8月22日	六白	乙卯	7月22日	九紫	乙酉	閏6月20日	四緑	甲寅	6月19日	八白
14	10月25日	七赤	丁巳	9月25日	一白	丁亥	8月23日	五黄	丙辰	7月23日	八白	丙戌	閏6月21日	三碧	乙卯	6月20日	七赤
15	10月26日	六白	戊午	9月26日	九紫	戊子	8月24日	四緑	丁巳	7月24日	七赤	丁亥	閏6月22日	二黒	丙辰	6月21日	六白
16	10月27日	五黄	己未	9月27日	八白	己丑	8月25日	三碧	戊午	7月25日	六白	戊子	閏6月23日	一白	丁巳	6月22日	五黄
17	10月28日	四緑	庚申	9月28日	七赤	庚寅	8月26日	二黒	己未	7月26日	五黄	己丑	閏6月24日	九紫	戊午	6月23日	四緑
18	10月29日	三碧	辛酉	9月29日	六白	辛卯	8月27日	一白	庚申	7月27日	四緑	庚寅	閏6月25日	八白	己未	6月24日	三碧
19	10月30日	二黒	壬戌	9月30日	五黄	壬辰	8月28日	九紫	辛酉	7月28日	三碧	辛卯	閏6月26日	七赤	庚申	6月25日	二黒
20	11月1日	一白	癸亥	10月1日	四緑	癸巳	8月29日	八白	壬戌	7月29日	二黒	壬辰	閏6月27日	六白	辛酉	6月26日	一白
21	11月2日	一白	甲子	10月2日	三碧	甲午	9月1日	七赤	癸亥	7月30日	一白	癸巳	閏6月28日	五黄	壬戌	6月27日	九紫
22	11月3日	二黒	乙丑	10月3日	二黒	乙未	9月2日	六白	甲子	8月1日	九紫	甲午	閏6月29日	四緑	癸亥	6月28日	八白
23	11月4日	三碧	丙寅	10月4日	一白	丙申	9月3日	五黄	乙丑	8月2日	八白	乙未	7月1日	三碧	甲子	6月29日	七赤
24	11月5日	四緑	丁卯	10月5日	九紫	丁酉	9月4日	四緑	丙寅	8月3日	七赤	丙申	7月2日	二黒	乙丑	6月30日	六白
25	11月6日	五黄	戊辰	10月6日	八白	戊戌	9月5日	三碧	丁卯	8月4日	六白	丁酉	7月3日	一白	丙寅	閏6月1日	五黄
26	11月7日	六白	己巳	10月7日	七赤	己亥	9月6日	二黒	戊辰	8月5日	五黄	戊戌	7月4日	九紫	丁卯	閏6月2日	四緑
27	11月8日	七赤	庚午	10月8日	六白	庚子	9月7日	一白	己巳	8月6日	四緑	己亥	7月5日	八白	戊辰	閏6月3日	三碧
28	11月9日	八白	辛未	10月9日	五黄	辛丑	9月8日	九紫	庚午	8月7日	三碧	庚子	7月6日	七赤	己巳	閏6月4日	二黒
29	11月10日	九紫	壬申	10月10日	四緑	壬寅	9月9日	八白	辛未	8月8日	二黒	辛丑	7月7日	六白	庚午	閏6月5日	一白
30	11月11日	一白	癸酉	10月11日	三碧	癸卯	9月10日	七赤	壬申	8月9日	一白	壬寅	7月8日	五黄	辛未	閏6月6日	九紫
31	11月12日	二黒	甲戌				9月11日	六白	癸酉				7月9日	四緑	壬申	閏6月7日	八白

6月甲午			5月癸巳			4月壬辰			3月辛卯			2月庚寅			1月己丑			
日 00:47			5日 20:48			5日 03:40			5日 22:59			4日 05:02			5日 17:23			
日 17:23			21日 09:36			20日 10:38			20日 23:46			19日 00:52			20日 10:44			
四緑木星			五黄土星			六白金星			七赤金星			八白土星			九紫火星			
6日	一白	丙午	3月15日	六白	乙亥	2月14日	三碧	乙巳	1月13日	八白	甲戌	12月14日	七赤	丙午	11月13日	三碧	乙亥	1
7日	二黒	丁未	3月16日	七赤	丙子	2月15日	四緑	丙午	1月14日	九紫	乙亥	12月15日	八白	丁未	11月14日	四緑	丙子	2
8日	三碧	戊申	3月17日	八白	丁丑	2月16日	五黄	丁未	1月15日	一白	丙子	12月16日	九紫	戊申	11月15日	五黄	丁丑	3
9日	四緑	己酉	3月18日	九紫	戊寅	2月17日	六白	戊申	1月16日	二黒	丁丑	12月17日	一白	己酉	11月16日	六白	戊寅	4
0日	五黄	庚戌	3月19日	一白	己卯	2月18日	七赤	己酉	1月17日	三碧	戊寅	12月18日	二黒	庚戌	11月17日	七赤	己卯	5
1日	六白	辛亥	3月20日	二黒	庚辰	2月19日	八白	庚戌	1月18日	四緑	己卯	12月19日	三碧	辛亥	11月18日	八白	庚辰	6
2日	七赤	壬子	3月21日	三碧	辛巳	2月20日	九紫	辛亥	1月19日	五黄	庚辰	12月20日	四緑	壬子	11月19日	九紫	辛巳	7
3日	八白	癸丑	3月22日	四緑	壬午	2月21日	一白	壬子	1月20日	六白	辛巳	12月21日	五黄	癸丑	11月20日	一白	壬午	8
4日	九紫	甲寅	3月23日	五黄	癸未	2月22日	二黒	癸丑	1月21日	七赤	壬午	12月22日	六白	甲寅	11月21日	二黒	癸未	9
5日	一白	乙卯	3月24日	六白	甲申	2月23日	三碧	甲寅	1月22日	八白	癸未	12月23日	七赤	乙卯	11月22日	三碧	甲申	10
6日	二黒	丙辰	3月25日	七赤	乙酉	2月24日	四緑	乙卯	1月23日	九紫	甲申	12月24日	八白	丙辰	11月23日	四緑	乙酉	11
7日	三碧	丁巳	3月26日	八白	丙戌	2月25日	五黄	丙辰	1月24日	一白	乙酉	12月25日	九紫	丁巳	11月24日	五黄	丙戌	12
8日	四緑	戊午	3月27日	九紫	丁亥	2月26日	六白	丁巳	1月25日	二黒	丙戌	12月26日	一白	戊午	11月25日	六白	丁亥	13
9日	五黄	己未	3月28日	一白	戊子	2月27日	七赤	戊午	1月26日	三碧	丁亥	12月27日	二黒	己未	11月26日	七赤	戊子	14
日	六白	庚申	3月29日	二黒	己丑	2月28日	八白	己未	1月27日	四緑	戊子	12月28日	三碧	庚申	11月27日	八白	己丑	15
日	七赤	辛酉	3月30日	三碧	庚寅	2月29日	九紫	庚申	1月28日	五黄	己丑	12月29日	四緑	辛酉	11月28日	九紫	庚寅	16
日	八白	壬戌	4月1日	四緑	辛卯	3月1日	一白	辛酉	1月29日	六白	庚寅	1月1日	五黄	壬戌	11月29日	一白	辛卯	17
日	九紫	癸亥	4月2日	五黄	壬辰	3月2日	二黒	壬戌	1月30日	七赤	辛卯	1月2日	六白	癸亥	11月30日	二黒	壬辰	18
日	九紫	甲子	4月3日	六白	癸巳	3月3日	三碧	癸亥	2月1日	八白	壬辰	1月3日	七赤	甲子	12月1日	三碧	癸巳	19
日	八白	乙丑	4月4日	七赤	甲午	3月4日	四緑	甲子	2月2日	九紫	癸巳	1月4日	八白	乙丑	12月2日	四緑	甲午	20
日	七赤	丙寅	4月5日	八白	乙未	3月5日	五黄	乙丑	2月3日	一白	甲午	1月5日	九紫	丙寅	12月3日	五黄	乙未	21
日	六白	丁卯	4月6日	九紫	丙申	3月6日	六白	丙寅	2月4日	二黒	乙未	1月6日	一白	丁卯	12月4日	六白	丙申	22
日	五黄	戊辰	4月7日	一白	丁酉	3月7日	七赤	丁卯	2月5日	三碧	丙申	1月7日	二黒	戊辰	12月5日	七赤	丁酉	23
0日	四緑	己巳	4月8日	二黒	戊戌	3月8日	八白	戊辰	2月6日	四緑	丁酉	1月8日	三碧	己巳	12月6日	八白	戊戌	24
日	三碧	庚午	4月9日	三碧	己亥	3月9日	九紫	己巳	2月7日	五黄	戊戌	1月9日	四緑	庚午	12月7日	九紫	己亥	25
2日	二黒	辛未	4月10日	四緑	庚子	3月10日	一白	庚午	2月8日	六白	己亥	1月10日	五黄	辛未	12月8日	一白	庚子	26
3日	一白	壬申	4月11日	五黄	辛丑	3月11日	二黒	辛未	2月9日	七赤	庚子	1月11日	六白	壬申	12月9日	二黒	辛丑	27
4日	九紫	癸酉	4月12日	六白	壬寅	3月12日	三碧	壬申	2月10日	八白	辛丑	1月12日	七赤	癸酉	12月10日	三碧	壬寅	28
5日	八白	甲戌	4月13日	七赤	癸卯	3月13日	四緑	癸酉	2月11日	九紫	壬寅				12月11日	四緑	癸卯	29
6日	七赤	乙亥	4月14日	八白	甲辰	3月14日	五黄	甲戌	2月12日	一白	癸卯				12月12日	五黄	甲辰	30
			4月15日	九紫	乙巳				2月13日	二黒	甲辰				12月13日	六白	乙巳	31

令和8年 2026年 丙午年 一白水星																	
	12月庚子			11月己亥			10月戊戌			9月丁酉			8月丙申			7月乙未	
	7日 11：52			7日 18：51			8日 15：29			7日 23：41			7日 20：42			7日 10：5	
	22日 05：49			22日 16：22			23日 18：37			23日 09：05			23日 11：19			23日 04：1	
	七赤金星			八白土星			九紫火星			一白水星			二黒土星			三碧木星	
1	10月23日	六白	己酉	9月22日	九紫	己卯	8月21日	四緑	戊申	7月20日	七赤	戊寅	6月19日	二黒	丁未	5月17日	六白
2	10月24日	五黄	庚戌	9月23日	八白	庚辰	8月22日	三碧	己酉	7月21日	六白	己卯	6月20日	一白	戊申	5月18日	五黄
3	10月25日	四緑	辛亥	9月24日	七赤	辛巳	8月23日	二黒	庚戌	7月22日	五黄	庚辰	6月21日	九紫	己酉	5月19日	四緑
4	10月26日	三碧	壬子	9月25日	六白	壬午	8月24日	一白	辛亥	7月23日	四緑	辛巳	6月22日	八白	庚戌	5月20日	三碧
5	10月27日	二黒	癸丑	9月26日	五黄	癸未	8月25日	九紫	壬子	7月24日	三碧	壬午	6月23日	七赤	辛亥	5月21日	二黒
6	10月28日	一白	甲寅	9月27日	四緑	甲申	8月26日	八白	癸丑	7月25日	二黒	癸未	6月24日	六白	壬子	5月22日	一白
7	10月29日	九紫	乙卯	9月28日	三碧	乙酉	8月27日	七赤	甲寅	7月26日	一白	甲申	6月25日	五黄	癸丑	5月23日	九紫
8	10月30日	八白	丙辰	9月29日	二黒	丙戌	8月28日	六白	乙卯	7月27日	九紫	乙酉	6月26日	四緑	甲寅	5月24日	八白
9	11月1日	七赤	丁巳	10月1日	一白	丁亥	8月29日	五黄	丙辰	7月28日	八白	丙戌	6月27日	三碧	乙卯	5月25日	七赤
10	11月2日	六白	戊午	10月2日	九紫	戊子	8月30日	四緑	丁巳	7月29日	七赤	丁亥	6月28日	二黒	丙辰	5月26日	六白
11	11月3日	五黄	己未	10月3日	八白	己丑	9月1日	三碧	戊午	8月1日	六白	戊子	6月29日	一白	丁巳	5月27日	五黄
12	11月4日	四緑	庚申	10月4日	七赤	庚寅	9月2日	二黒	己未	8月2日	五黄	己丑	6月30日	九紫	戊午	5月28日	四緑
13	11月5日	三碧	辛酉	10月5日	六白	辛卯	9月3日	一白	庚申	8月3日	四緑	庚寅	7月1日	八白	己未	5月29日	三碧
14	11月6日	二黒	壬戌	10月6日	五黄	壬辰	9月4日	九紫	辛酉	8月4日	三碧	辛卯	7月2日	七赤	庚申	6月1日	二黒
15	11月7日	一白	癸亥	10月7日	四緑	癸巳	9月5日	八白	壬戌	8月5日	二黒	壬辰	7月3日	六白	辛酉	6月2日	一白
16	11月8日	一白	甲子	10月8日	三碧	甲午	9月6日	七赤	癸亥	8月6日	一白	癸巳	7月4日	五黄	壬戌	6月3日	九紫
17	11月9日	二黒	乙丑	10月9日	二黒	乙未	9月7日	六白	甲子	8月7日	九紫	甲午	7月5日	四緑	癸亥	6月4日	八白
18	11月10日	三碧	丙寅	10月10日	一白	丙申	9月8日	五黄	乙丑	8月8日	八白	乙未	7月6日	三碧	甲子	6月5日	七赤
19	11月11日	四緑	丁卯	10月11日	九紫	丁酉	9月9日	四緑	丙寅	8月9日	七赤	丙申	7月7日	二黒	乙丑	6月6日	六白
20	11月12日	五黄	戊辰	10月12日	八白	戊戌	9月10日	三碧	丁卯	8月10日	六白	丁酉	7月8日	一白	丙寅	6月7日	五黄
21	11月13日	六白	己巳	10月13日	七赤	己亥	9月11日	二黒	戊辰	8月11日	五黄	戊戌	7月9日	九紫	丁卯	6月8日	四緑
22	11月14日	七赤	庚午	10月14日	六白	庚子	9月12日	一白	己巳	8月12日	四緑	己亥	7月10日	八白	戊辰	6月9日	三碧
23	11月15日	八白	辛未	10月15日	五黄	辛丑	9月13日	九紫	庚午	8月13日	三碧	庚子	7月11日	七赤	己巳	6月10日	二黒
24	11月16日	九紫	壬申	10月16日	四緑	壬寅	9月14日	八白	辛未	8月14日	二黒	辛丑	7月12日	六白	庚午	6月11日	一白
25	11月17日	一白	癸酉	10月17日	三碧	癸卯	9月15日	七赤	壬申	8月15日	一白	壬寅	7月13日	五黄	辛未	6月12日	九紫
26	11月18日	二黒	甲戌	10月18日	二黒	甲辰	9月16日	六白	癸酉	8月16日	九紫	癸卯	7月14日	四緑	壬申	6月13日	八白
27	11月19日	三碧	乙亥	10月19日	一白	乙巳	9月17日	五黄	甲戌	8月17日	八白	甲辰	7月15日	三碧	癸酉	6月14日	七赤
28	11月20日	四緑	丙子	10月20日	九紫	丙午	9月18日	四緑	乙亥	8月18日	七赤	乙巳	7月16日	二黒	甲戌	6月15日	六白
29	11月21日	五黄	丁丑	10月21日	八白	丁未	9月19日	三碧	丙子	8月19日	六白	丙午	7月17日	一白	乙亥	6月16日	五黄
30	11月22日	六白	戊寅	10月22日	七赤	戊申	9月20日	二黒	丁丑	8月20日	五黄	丁未	7月18日	九紫	丙子	6月17日	四緑
31	11月23日	七赤	己卯				9月21日	一白	戊寅				7月19日	八白	丁丑	6月18日	三碧

6月丙午			5月乙巳			4月甲辰			3月癸卯			2月壬寅			1月辛丑			
日 06：24			6日 02：24			5日 09：17			6日 04：40			4日 10：46			5日 23：09			
1日 23：09			21日 15：17			20日 16：17			21日 05：25			19日 06：34			20日 16：29			
一白水星			二黒土星			三碧木星			四緑木星			五黄土星			六白金星			
27日	六白	辛亥	3月25日	二黒	庚辰	2月25日	八白	庚戌	1月23日	四緑	己卯	12月25日	三碧	辛亥	11月24日	八白	庚辰	1
28日	七赤	壬子	3月26日	三碧	辛巳	2月26日	九紫	辛亥	1月24日	五黄	庚辰	12月26日	四緑	壬子	11月25日	九紫	辛巳	2
29日	八白	癸丑	3月27日	四緑	壬午	2月27日	一白	壬子	1月25日	六白	辛巳	12月27日	五黄	癸丑	11月26日	一白	壬午	3
30日	九紫	甲寅	3月28日	五黄	癸未	2月28日	二黒	癸丑	1月26日	七赤	壬午	12月28日	六白	甲寅	11月27日	二黒	癸未	4
1日	一白	乙卯	3月29日	六白	甲申	2月29日	三碧	甲寅	1月27日	八白	癸未	12月29日	七赤	乙卯	11月28日	三碧	甲申	5
2日	二黒	丙辰	4月1日	七赤	乙酉	2月30日	四緑	乙卯	1月28日	九紫	甲申	12月30日	八白	丙辰	11月29日	四緑	乙酉	6
3日	三碧	丁巳	4月2日	八白	丙戌	3月1日	五黄	丙辰	1月29日	一白	乙酉	1月1日	九紫	丁巳	11月30日	五黄	丙戌	7
4日	四緑	戊午	4月3日	九紫	丁亥	3月2日	六白	丁巳	2月1日	二黒	丙戌	1月2日	一白	戊午	12月1日	六白	丁亥	8
5日	五黄	己未	4月4日	一白	戊子	3月3日	七赤	戊午	2月2日	三碧	丁亥	1月3日	二黒	己未	12月2日	七赤	戊子	9
6日	六白	庚申	4月5日	二黒	己丑	3月4日	八白	己未	2月3日	四緑	戊子	1月4日	三碧	庚申	12月3日	八白	己丑	10
7日	七赤	辛酉	4月6日	三碧	庚寅	3月5日	九紫	庚申	2月4日	五黄	己丑	1月5日	四緑	辛酉	12月4日	九紫	庚寅	11
8日	八白	壬戌	4月7日	四緑	辛卯	3月6日	一白	辛酉	2月5日	六白	庚寅	1月6日	五黄	壬戌	12月5日	一白	辛卯	12
9日	九紫	癸亥	4月8日	五黄	壬辰	3月7日	二黒	壬戌	2月6日	七赤	辛卯	1月7日	六白	癸亥	12月6日	二黒	壬辰	13
0日	九紫	甲子	4月9日	六白	癸巳	3月8日	三碧	癸亥	2月7日	八白	壬辰	1月8日	七赤	甲子	12月7日	三碧	癸巳	14
1日	八白	乙丑	4月10日	七赤	甲午	3月9日	四緑	甲子	2月8日	九紫	癸巳	1月9日	八白	乙丑	12月8日	四緑	甲午	15
2日	七赤	丙寅	4月11日	八白	乙未	3月10日	五黄	乙丑	2月9日	一白	甲午	1月10日	九紫	丙寅	12月9日	五黄	乙未	16
3日	六白	丁卯	4月12日	九紫	丙申	3月11日	六白	丙寅	2月10日	二黒	乙未	1月11日	一白	丁卯	12月10日	六白	丙申	17
4日	五黄	戊辰	4月13日	一白	丁酉	3月12日	七赤	丁卯	2月11日	三碧	丙申	1月12日	二黒	戊辰	12月11日	七赤	丁酉	18
5日	四緑	己巳	4月14日	二黒	戊戌	3月13日	八白	戊辰	2月12日	四緑	丁酉	1月13日	三碧	己巳	12月12日	八白	戊戌	19
6日	三碧	庚午	4月15日	三碧	己亥	3月14日	九紫	己巳	2月13日	五黄	戊戌	1月14日	四緑	庚午	12月13日	九紫	己亥	20
7日	二黒	辛未	4月16日	四緑	庚子	3月15日	一白	庚午	2月14日	六白	己亥	1月15日	五黄	辛未	12月14日	一白	庚子	21
8日	一白	壬申	4月17日	五黄	辛丑	3月16日	二黒	辛未	2月15日	七赤	庚子	1月16日	六白	壬申	12月15日	二黒	辛丑	22
9日	九紫	癸酉	4月18日	六白	壬寅	3月17日	三碧	壬申	2月16日	八白	辛丑	1月17日	七赤	癸酉	12月16日	三碧	壬寅	23
0日	八白	甲戌	4月19日	七赤	癸卯	3月18日	四緑	癸酉	2月17日	九紫	壬寅	1月18日	八白	甲戌	12月17日	四緑	癸卯	24
1日	七赤	乙亥	4月20日	八白	甲辰	3月19日	五黄	甲戌	2月18日	一白	癸卯	1月19日	九紫	乙亥	12月18日	五黄	甲辰	25
2日	六白	丙子	4月21日	九紫	乙巳	3月20日	六白	乙亥	2月19日	二黒	甲辰	1月20日	一白	丙子	12月19日	六白	乙巳	26
3日	五黄	丁丑	4月22日	一白	丙午	3月21日	七赤	丙子	2月20日	三碧	乙巳	1月21日	二黒	丁丑	12月20日	七赤	丙午	27
4日	四緑	戊寅	4月23日	二黒	丁未	3月22日	八白	丁丑	2月21日	四緑	丙午	1月22日	三碧	戊寅	12月21日	八白	丁未	28
5日	三碧	己卯	4月24日	三碧	戊申	3月23日	九紫	戊寅	2月22日	五黄	丁未				12月22日	九紫	戊申	29
6日	二黒	庚辰	4月25日	四緑	己酉	3月24日	一白	己卯	2月23日	六白	戊申				12月23日	一白	己酉	30
			4月26日	五黄	庚戌				2月24日	七赤	己酉				12月24日	二黒	庚戌	31

令和9年 2027年 丁未年 九紫火星																	
	12月壬子			11月辛亥			10月庚戌			9月己酉			8月戊申			7月丁未	
	7日 17：37			8日 00：37			8日 21：17			8日 05：29			8日 02：27			7日 16：3	
	22日 11：41			22日 22：15			24日 00：32			23日 15：02			23日 17：14			23日 10：	
	四緑木星			五黄土星			六白金星			七赤金星			八白土星			九紫火星	
1	11月4日	一白	甲寅	10月4日	四緑	甲申	9月2日	八白	癸丑	8月1日	二黒	癸未	6月29日	六白	壬子	5月27日	一白
2	11月5日	九紫	乙卯	10月5日	三碧	乙酉	9月3日	七赤	甲寅	8月2日	一白	甲申	7月1日	五黄	癸丑	5月28日	九紫
3	11月6日	八白	丙辰	10月6日	二黒	丙戌	9月4日	六白	乙卯	8月3日	九紫	乙酉	7月2日	四緑	甲寅	5月29日	八白
4	11月7日	七赤	丁巳	10月7日	一白	丁亥	9月5日	五黄	丙辰	8月4日	八白	丙戌	7月3日	三碧	乙卯	6月1日	七赤
5	11月8日	六白	戊午	10月8日	九紫	戊子	9月6日	四緑	丁巳	8月5日	七赤	丁亥	7月4日	二黒	丙辰	6月2日	六白
6	11月9日	五黄	己未	10月9日	八白	己丑	9月7日	三碧	戊午	8月6日	六白	戊子	7月5日	一白	丁巳	6月3日	五黄
7	11月10日	四緑	庚申	10月10日	七赤	庚寅	9月8日	二黒	己未	8月7日	五黄	己丑	7月6日	九紫	戊午	6月4日	四緑
8	11月11日	三碧	辛酉	10月11日	六白	辛卯	9月9日	一白	庚申	8月8日	四緑	庚寅	7月7日	八白	己未	6月5日	三碧
9	11月12日	二黒	壬戌	10月12日	五黄	壬辰	9月10日	九紫	辛酉	8月9日	三碧	辛卯	7月8日	七赤	庚申	6月6日	二黒
10	11月13日	一白	癸亥	10月13日	四緑	癸巳	9月11日	八白	壬戌	8月10日	二黒	壬辰	7月9日	六白	辛酉	6月7日	一白
11	11月14日	一白	甲子	10月14日	三碧	甲午	9月12日	七赤	癸亥	8月11日	一白	癸巳	7月10日	五黄	壬戌	6月8日	九紫
12	11月15日	二黒	乙丑	10月15日	二黒	乙未	9月13日	六白	甲子	8月12日	九紫	甲午	7月11日	四緑	癸亥	6月9日	八白
13	11月16日	三碧	丙寅	10月16日	一白	丙申	9月14日	五黄	乙丑	8月13日	八白	乙未	7月12日	三碧	甲子	6月10日	七赤
14	11月17日	四緑	丁卯	10月17日	九紫	丁酉	9月15日	四緑	丙寅	8月14日	七赤	丙申	7月13日	二黒	乙丑	6月11日	六白
15	11月18日	五黄	戊辰	10月18日	八白	戊戌	9月16日	三碧	丁卯	8月15日	六白	丁酉	7月14日	一白	丙寅	6月12日	五黄
16	11月19日	六白	己巳	10月19日	七赤	己亥	9月17日	二黒	戊辰	8月16日	五黄	戊戌	7月15日	九紫	丁卯	6月13日	四緑
17	11月20日	七赤	庚午	10月20日	六白	庚子	9月18日	一白	己巳	8月17日	四緑	己亥	7月16日	八白	戊辰	6月14日	三碧
18	11月21日	八白	辛未	10月21日	五黄	辛丑	9月19日	九紫	庚午	8月18日	三碧	庚子	7月17日	七赤	己巳	6月15日	二黒
19	11月22日	九紫	壬申	10月22日	四緑	壬寅	9月20日	八白	辛未	8月19日	二黒	辛丑	7月18日	六白	庚午	6月16日	一白
20	11月23日	一白	癸酉	10月23日	三碧	癸卯	9月21日	七赤	壬申	8月20日	一白	壬寅	7月19日	五黄	辛未	6月17日	九紫
21	11月24日	二黒	甲戌	10月24日	二黒	甲辰	9月22日	六白	癸酉	8月21日	九紫	癸卯	7月20日	四緑	壬申	6月18日	八白
22	11月25日	三碧	乙亥	10月25日	一白	乙巳	9月23日	五黄	甲戌	8月22日	八白	甲辰	7月21日	三碧	癸酉	6月19日	七赤
23	11月26日	四緑	丙子	10月26日	九紫	丙午	9月24日	四緑	乙亥	8月23日	七赤	乙巳	7月22日	二黒	甲戌	6月20日	六白
24	11月27日	五黄	丁丑	10月27日	八白	丁未	9月25日	三碧	丙子	8月24日	六白	丙午	7月23日	一白	乙亥	6月21日	五黄
25	11月28日	六白	戊寅	10月28日	七赤	戊申	9月26日	二黒	丁丑	8月25日	五黄	丁未	7月24日	九紫	丙子	6月22日	四緑
26	11月29日	七赤	己卯	10月29日	六白	己酉	9月27日	一白	戊寅	8月26日	四緑	戊申	7月25日	八白	丁丑	6月23日	三碧
27	11月30日	八白	庚辰	10月30日	五黄	庚戌	9月28日	九紫	己卯	8月27日	三碧	己酉	7月26日	七赤	戊寅	6月24日	二黒
28	12月1日	九紫	辛巳	11月1日	四緑	辛亥	9月29日	八白	庚辰	8月28日	二黒	庚戌	7月27日	六白	己卯	6月25日	一白
29	12月2日	一白	壬午	11月2日	三碧	壬子	10月1日	七赤	辛巳	8月29日	一白	辛亥	7月28日	五黄	庚辰	6月26日	九紫
30	12月3日	二黒	癸未	11月3日	二黒	癸丑	10月2日	六白	壬午	9月1日	九紫	壬子	7月29日	四緑	辛巳	6月27日	八白
31	12月4日	三碧	甲申				10月3日	五黄	癸未				7月30日	三碧	壬午	6月28日	七赤

6月戊午			5月丁巳			4月丙辰			3月乙卯			2月甲寅			1月癸丑			
日 12：14			5日 08：10			4日 15：02			5日 10：25			4日 16：31			6日 04：54			
1日 05：01			20日 21：08			19日 22：08			20日 11：17			19日 12：26			20日 22：22			
七赤金星			八白土星			九紫火星			一白水星			二黒土星			三碧木星			
9日	三碧	丁巳	4月7日	八白	丙戌	3月7日	五黄	丙辰	2月6日	一白	乙酉	1月6日	八白	丙辰	12月5日	四緑	乙酉	1
0日	四緑	戊午	4月8日	九紫	丁亥	3月8日	六白	丁巳	2月7日	二黒	丙戌	1月7日	九紫	丁巳	12月6日	五黄	丙戌	2
1日	五黄	己未	4月9日	一白	戊子	3月9日	七赤	戊午	2月8日	三碧	丁亥	1月8日	一白	戊午	12月7日	六白	丁亥	3
2日	六白	庚申	4月10日	二黒	己丑	3月10日	八白	己未	2月9日	四緑	戊子	1月9日	二黒	己未	12月8日	七赤	戊子	4
3日	七赤	辛酉	4月11日	三碧	庚寅	3月11日	九紫	庚申	2月10日	五黄	己丑	1月10日	三碧	庚申	12月9日	八白	己丑	5
4日	八白	壬戌	4月12日	四緑	辛卯	3月12日	一白	辛酉	2月11日	六白	庚寅	1月11日	四緑	辛酉	12月10日	九紫	庚寅	6
5日	九紫	癸亥	4月13日	五黄	壬辰	3月13日	二黒	壬戌	2月12日	七赤	辛卯	1月12日	五黄	壬戌	12月11日	一白	辛卯	7
6日	九紫	甲子	4月14日	六白	癸巳	3月14日	三碧	癸亥	2月13日	八白	壬辰	1月13日	六白	癸亥	12月12日	二黒	壬辰	8
7日	八白	乙丑	4月15日	七赤	甲午	3月15日	四緑	甲子	2月14日	九紫	癸巳	1月14日	七赤	甲子	12月13日	三碧	癸巳	9
8日	七赤	丙寅	4月16日	八白	乙未	3月16日	五黄	乙丑	2月15日	一白	甲午	1月15日	八白	乙丑	12月14日	四緑	甲午	10
9日	六白	丁卯	4月17日	九紫	丙申	3月17日	六白	丙寅	2月16日	二黒	乙未	1月16日	九紫	丙寅	12月15日	五黄	乙未	11
0日	五黄	戊辰	4月18日	一白	丁酉	3月18日	七赤	丁卯	2月17日	三碧	丙申	1月17日	一白	丁卯	12月16日	六白	丙申	12
1日	四緑	己巳	4月19日	二黒	戊戌	3月19日	八白	戊辰	2月18日	四緑	丁酉	1月18日	二黒	戊辰	12月17日	七赤	丁酉	13
2日	三碧	庚午	4月20日	三碧	己亥	3月20日	九紫	己巳	2月19日	五黄	戊戌	1月19日	三碧	己巳	12月18日	八白	戊戌	14
3日	二黒	辛未	4月21日	四緑	庚子	3月21日	一白	庚午	2月20日	六白	己亥	1月20日	四緑	庚午	12月19日	九紫	己亥	15
4日	一白	壬申	4月22日	五黄	辛丑	3月22日	二黒	辛未	2月21日	七赤	庚子	1月21日	五黄	辛未	12月20日	一白	庚子	16
5日	九紫	癸酉	4月23日	六白	壬寅	3月23日	三碧	壬申	2月22日	八白	辛丑	1月22日	六白	壬申	12月21日	二黒	辛丑	17
6日	八白	甲戌	4月24日	七赤	癸卯	3月24日	四緑	癸酉	2月23日	九紫	壬寅	1月23日	七赤	癸酉	12月22日	三碧	壬寅	18
7日	七赤	乙亥	4月25日	八白	甲辰	3月25日	五黄	甲戌	2月24日	一白	癸卯	1月24日	八白	甲戌	12月23日	四緑	癸卯	19
8日	六白	丙子	4月26日	九紫	乙巳	3月26日	六白	乙亥	2月25日	二黒	甲辰	1月25日	九紫	乙亥	12月24日	五黄	甲辰	20
9日	五黄	丁丑	4月27日	一白	丙午	3月27日	七赤	丙子	2月26日	三碧	乙巳	1月26日	一白	丙子	12月25日	六白	乙巳	21
0日	四緑	戊寅	4月28日	二黒	丁未	3月28日	八白	丁丑	2月27日	四緑	丙午	1月27日	二黒	丁丑	12月26日	七赤	丙午	22
1日	三碧	己卯	4月29日	三碧	戊申	3月29日	九紫	戊寅	2月28日	五黄	丁未	1月28日	三碧	戊寅	12月27日	八白	丁未	23
2日	二黒	庚辰	5月1日	四緑	己酉	3月30日	一白	己卯	2月29日	六白	戊申	1月29日	四緑	己卯	12月28日	九紫	戊申	24
3日	一白	辛巳	5月2日	五黄	庚戌	4月1日	二黒	庚辰	2月30日	七赤	己酉	2月1日	五黄	庚辰	12月29日	一白	己酉	25
4日	九紫	壬午	5月3日	六白	辛亥	4月2日	三碧	辛巳	3月1日	八白	庚戌	2月2日	六白	辛巳	12月30日	二黒	庚戌	26
5日	八白	癸未	5月4日	七赤	壬子	4月3日	四緑	壬午	3月2日	九紫	辛亥	2月3日	七赤	壬午	1月1日	三碧	辛亥	27
6日	七赤	甲申	5月5日	八白	癸丑	4月4日	五黄	癸未	3月3日	一白	壬子	2月4日	八白	癸未	1月2日	四緑	壬子	28
7日	六白	乙酉	5月6日	九紫	甲寅	4月5日	六白	甲申	3月4日	二黒	癸丑	2月5日	九紫	甲申	1月3日	五黄	癸丑	29
8日	五黄	丙戌	5月7日	一白	乙卯	4月6日	七赤	乙酉	3月5日	三碧	甲寅				1月4日	六白	甲寅	30
			5月8日	二黒	丙辰				3月6日	四緑	乙卯				1月5日	七赤	乙卯	31

令和10年	2028年							戊申年			八白土星							
	12月甲子			11月癸亥			10月壬戌			9月辛酉			8月庚申			7月己未		
	6日 23：24			7日 06：26			8日 03：08			7日 11：22			7日 08：21			6日 22：3		
	21日 17：19			22日 03：53			23日 06：12			22日 20：45			22日 23：01			22日 15：5		
	一白水星			二黒土星			三碧木星			四緑木星			五黄土星			六白金星		
1	10月16日	四緑	庚申	9月15日	七赤	庚寅	8月13日	二黒	己未	7月13日	五黄	己丑	6月11日	九紫	戊午	閏5月9日	四緑	
2	10月17日	三碧	辛酉	9月16日	六白	辛卯	8月14日	一白	庚申	7月14日	四緑	庚寅	6月12日	八白	己未	閏5月10日	三碧	
3	10月18日	二黒	壬戌	9月17日	五黄	壬辰	8月15日	九紫	辛酉	7月15日	三碧	辛卯	6月13日	七赤	庚申	閏5月11日	二黒	
4	10月19日	一白	癸亥	9月18日	四緑	癸巳	8月16日	八白	壬戌	7月16日	二黒	壬辰	6月14日	六白	辛酉	閏5月12日	一白	
5	10月20日	一白	甲子	9月19日	三碧	甲午	8月17日	七赤	癸亥	7月17日	一白	癸巳	6月15日	五黄	壬戌	閏5月13日	九紫	
6	10月21日	二黒	乙丑	9月20日	二黒	乙未	8月18日	六白	甲子	7月18日	九紫	甲午	6月16日	四緑	癸亥	閏5月14日	八白	
7	10月22日	三碧	丙寅	9月21日	一白	丙申	8月19日	五黄	乙丑	7月19日	八白	乙未	6月17日	三碧	甲子	閏5月15日	七赤	
8	10月23日	四緑	丁卯	9月22日	九紫	丁酉	8月20日	四緑	丙寅	7月20日	七赤	丙申	6月18日	二黒	乙丑	閏5月16日	六白	
9	10月24日	五黄	戊辰	9月23日	八白	戊戌	8月21日	三碧	丁卯	7月21日	六白	丁酉	6月19日	一白	丙寅	閏5月17日	五黄	
10	10月25日	六白	己巳	9月24日	七赤	己亥	8月22日	二黒	戊辰	7月22日	五黄	戊戌	6月20日	九紫	丁卯	閏5月18日	四緑	
11	10月26日	七赤	庚午	9月25日	六白	庚子	8月23日	一白	己巳	7月23日	四緑	己亥	6月21日	八白	戊辰	閏5月19日	三碧	
12	10月27日	八白	辛未	9月26日	五黄	辛丑	8月24日	九紫	庚午	7月24日	三碧	庚子	6月22日	七赤	己巳	閏5月20日	二黒	
13	10月28日	九紫	壬申	9月27日	四緑	壬寅	8月25日	八白	辛未	7月25日	二黒	辛丑	6月23日	六白	庚午	閏5月21日	一白	
14	10月29日	一白	癸酉	9月28日	三碧	癸卯	8月26日	七赤	壬申	7月26日	一白	壬寅	6月24日	五黄	辛未	閏5月22日	九紫	
15	10月30日	二黒	甲戌	9月29日	二黒	甲辰	8月27日	六白	癸酉	7月27日	九紫	癸卯	6月25日	四緑	壬申	閏5月23日	八白	
16	11月1日	三碧	乙亥	10月1日	一白	乙巳	8月28日	五黄	甲戌	7月28日	八白	甲辰	6月26日	三碧	癸酉	閏5月24日	七赤	
17	11月2日	四緑	丙子	10月2日	九紫	丙午	8月29日	四緑	乙亥	7月29日	七赤	乙巳	6月27日	二黒	甲戌	閏5月25日	六白	
18	11月3日	五黄	丁丑	10月3日	八白	丁未	9月1日	三碧	丙子	7月30日	六白	丙午	6月28日	一白	乙亥	閏5月26日	五黄	
19	11月4日	六白	戊寅	10月4日	七赤	戊申	9月2日	二黒	丁丑	8月1日	五黄	丁未	6月29日	九紫	丙子	閏5月27日	四緑	
20	11月5日	七赤	己卯	10月5日	六白	己酉	9月3日	一白	戊寅	8月2日	四緑	戊申	7月1日	八白	丁丑	閏5月28日	三碧	
21	11月6日	八白	庚辰	10月6日	五黄	庚戌	9月4日	九紫	己卯	8月3日	三碧	己酉	7月2日	七赤	戊寅	閏5月29日	二黒	
22	11月7日	九紫	辛巳	10月7日	四緑	辛亥	9月5日	八白	庚辰	8月4日	二黒	庚戌	7月3日	六白	己卯	6月1日	一白	
23	11月8日	一白	壬午	10月8日	三碧	壬子	9月6日	七赤	辛巳	8月5日	一白	辛亥	7月4日	五黄	庚辰	6月2日	九紫	
24	11月9日	二黒	癸未	10月9日	二黒	癸丑	9月7日	六白	壬午	8月6日	九紫	壬子	7月5日	四緑	辛巳	6月3日	八白	
25	11月10日	三碧	甲申	10月10日	一白	甲寅	9月8日	五黄	癸未	8月7日	八白	癸丑	7月6日	三碧	壬午	6月4日	七赤	
26	11月11日	四緑	乙酉	10月11日	九紫	乙卯	9月9日	四緑	甲申	8月8日	七赤	甲寅	7月7日	二黒	癸未	6月5日	六白	
27	11月12日	五黄	丙戌	10月12日	八白	丙辰	9月10日	三碧	乙酉	8月9日	六白	乙卯	7月8日	一白	甲申	6月6日	五黄	
28	11月13日	六白	丁亥	10月13日	七赤	丁巳	9月11日	二黒	丙戌	8月10日	五黄	丙辰	7月9日	九紫	乙酉	6月7日	四緑	
29	11月14日	七赤	戊子	10月14日	六白	戊午	9月12日	一白	丁亥	8月11日	四緑	丁巳	7月10日	八白	丙戌	6月8日	三碧	
30	11月15日	八白	己丑	10月15日	五黄	己未	9月13日	九紫	戊子	8月12日	三碧	戊午	7月11日	七赤	丁亥	6月9日	二黒	
31	11月16日	九紫	庚寅				9月14日	八白	己丑				7月12日	六白	戊子	6月10日	一白	

6月庚午			5月己巳			4月戊辰			3月丁卯			2月丙寅			1月乙丑			
5日 18：08			5日 14：06			4日 20：57			5日 16：18			3日 22：21			5日 10：42			
1日 10：47			21日 02：54			20日 03：54			20日 17：01			18日 18：08			20日 04：01			
四緑木星			五黄土星			六白金星			七赤金星			八白土星			九紫火星			
20日	八白	壬戌	3月18日	四緑	辛卯	2月18日	一白	辛酉	1月17日	六白	庚寅	12月18日	五黄	壬戌	11月17日	一白	辛卯	1
21日	九紫	癸亥	3月19日	五黄	壬辰	2月19日	二黒	壬戌	1月18日	七赤	辛卯	12月19日	六白	癸亥	11月18日	二黒	壬辰	2
22日	九紫	甲子	3月20日	六白	癸巳	2月20日	三碧	癸亥	1月19日	八白	壬辰	12月20日	七赤	甲子	11月19日	三碧	癸巳	3
23日	八白	乙丑	3月21日	七赤	甲午	2月21日	四緑	甲子	1月20日	九紫	癸巳	12月21日	八白	乙丑	11月20日	四緑	甲午	4
24日	七赤	丙寅	3月22日	八白	乙未	2月22日	五黄	乙丑	1月21日	一白	甲午	12月22日	九紫	丙寅	11月21日	五黄	乙未	5
25日	六白	丁卯	3月23日	九紫	丙申	2月23日	六白	丙寅	1月22日	二黒	乙未	12月23日	一白	丁卯	11月22日	六白	丙申	6
26日	五黄	戊辰	3月24日	一白	丁酉	2月24日	七赤	丁卯	1月23日	三碧	丙申	12月24日	二黒	戊辰	11月23日	七赤	丁酉	7
27日	四緑	己巳	3月25日	二黒	戊戌	2月25日	八白	戊辰	1月24日	四緑	丁酉	12月25日	三碧	己巳	11月24日	八白	戊戌	8
28日	三碧	庚午	3月26日	三碧	己亥	2月26日	九紫	己巳	1月25日	五黄	戊戌	12月26日	四緑	庚午	11月25日	九紫	己亥	9
29日	二黒	辛未	3月27日	四緑	庚子	2月27日	一白	庚午	1月26日	六白	己亥	12月27日	五黄	辛未	11月26日	一白	庚子	10
30日	一白	壬申	3月28日	五黄	辛丑	2月28日	二黒	辛未	1月27日	七赤	庚子	12月28日	六白	壬申	11月27日	二黒	辛丑	11
1日	九紫	癸酉	3月29日	六白	壬寅	2月29日	三碧	壬申	1月28日	八白	辛丑	12月29日	七赤	癸酉	11月28日	三碧	壬寅	12
2日	八白	甲戌	4月1日	七赤	癸卯	2月30日	四緑	癸酉	1月29日	九紫	壬寅	1月1日	八白	甲戌	11月29日	四緑	癸卯	13
3日	七赤	乙亥	4月2日	八白	甲辰	3月1日	五黄	甲戌	1月30日	一白	癸卯	1月2日	九紫	乙亥	11月30日	五黄	甲辰	14
4日	六白	丙子	4月3日	九紫	乙巳	3月2日	六白	乙亥	2月1日	二黒	甲辰	1月3日	一白	丙子	12月1日	六白	乙巳	15
5日	五黄	丁丑	4月4日	一白	丙午	3月3日	七赤	丙子	2月2日	三碧	乙巳	1月4日	二黒	丁丑	12月2日	七赤	丙午	16
6日	四緑	戊寅	4月5日	二黒	丁未	3月4日	八白	丁丑	2月3日	四緑	丙午	1月5日	三碧	戊寅	12月3日	八白	丁未	17
7日	三碧	己卯	4月6日	三碧	戊申	3月5日	九紫	戊寅	2月4日	五黄	丁未	1月6日	四緑	己卯	12月4日	九紫	戊申	18
8日	二黒	庚辰	4月7日	四緑	己酉	3月6日	一白	己卯	2月5日	六白	戊申	1月7日	五黄	庚辰	12月5日	一白	己酉	19
9日	一白	辛巳	4月8日	五黄	庚戌	3月7日	二黒	庚辰	2月6日	七赤	己酉	1月8日	六白	辛巳	12月6日	二黒	庚戌	20
0日	九紫	壬午	4月9日	六白	辛亥	3月8日	三碧	辛巳	2月7日	八白	庚戌	1月9日	七赤	壬午	12月7日	三碧	辛亥	21
1日	八白	癸未	4月10日	七赤	壬子	3月9日	四緑	壬午	2月8日	九紫	辛亥	1月10日	八白	癸未	12月8日	四緑	壬子	22
2日	七赤	甲申	4月11日	八白	癸丑	3月10日	五黄	癸未	2月9日	一白	壬子	1月11日	九紫	甲申	12月9日	五黄	癸丑	23
3日	六白	乙酉	4月12日	九紫	甲寅	3月11日	六白	甲申	2月10日	二黒	癸丑	1月12日	一白	乙酉	12月10日	六白	甲寅	24
4日	五黄	丙戌	4月13日	一白	乙卯	3月12日	七赤	乙酉	2月11日	三碧	甲寅	1月13日	二黒	丙戌	12月11日	七赤	乙卯	25
5日	四緑	丁亥	4月14日	二黒	丙辰	3月13日	八白	丙戌	2月12日	四緑	乙卯	1月14日	三碧	丁亥	12月12日	八白	丙辰	26
6日	三碧	戊子	4月15日	三碧	丁巳	3月14日	九紫	丁亥	2月13日	五黄	丙辰	1月15日	四緑	戊子	12月13日	九紫	丁巳	27
7日	二黒	己丑	4月16日	四緑	戊午	3月15日	一白	戊子	2月14日	六白	丁巳	1月16日	五黄	己丑	12月14日	一白	戊午	28
8日	一白	庚寅	4月17日	五黄	己未	3月16日	二黒	己丑	2月15日	七赤	戊午				12月15日	二黒	己未	29
9日	九紫	辛卯	4月18日	六白	庚申	3月17日	三碧	庚寅	2月16日	八白	己未				12月16日	三碧	庚申	30
			4月19日	七赤	辛酉				2月17日	九紫	庚申				12月17日	四緑	辛酉	31

令和11年	2029年						己酉年			七赤金星							
	12月丙子			11月乙亥			10月甲戌			9月癸酉			8月壬申			7月辛未	
	7日 05：13			7日 12：15			8日 08：57			7日 17：12			7日 14：12			7日 04：22	
	21日 23：14			22日 09：48			23日 12：07			23日 02：38			23日 04：52			22日 21：4	
	七赤金星			八白土星			九紫火星			一白水星			二黒土星			三碧木星	
1	10月26日	二黒	乙丑	9月25日	二黒	乙未	8月24日	六白	甲子	7月23日	九紫	甲午	6月21日	四緑	癸亥	5月20日	八白
2	10月27日	三碧	丙寅	9月26日	一白	丙申	8月25日	五黄	乙丑	7月24日	八白	乙未	6月22日	三碧	甲子	5月21日	七赤
3	10月28日	四緑	丁卯	9月27日	九紫	丁酉	8月26日	四緑	丙寅	7月25日	七赤	丙申	6月23日	二黒	乙丑	5月22日	六白
4	10月29日	五黄	戊辰	9月28日	八白	戊戌	8月27日	三碧	丁卯	7月26日	六白	丁酉	6月24日	一白	丙寅	5月23日	五黄
5	11月1日	六白	己巳	9月29日	七赤	己亥	8月28日	二黒	戊辰	7月27日	五黄	戊戌	6月25日	九紫	丁卯	5月24日	四緑
6	11月2日	七赤	庚午	10月1日	六白	庚子	8月29日	一白	己巳	7月28日	四緑	己亥	6月26日	八白	戊辰	5月25日	三碧
7	11月3日	八白	辛未	10月2日	五黄	辛丑	8月30日	九紫	庚午	7月29日	三碧	庚子	6月27日	七赤	己巳	5月26日	二黒
8	11月4日	九紫	壬申	10月3日	四緑	壬寅	9月1日	八白	辛未	8月1日	二黒	辛丑	6月28日	六白	庚午	5月27日	一白
9	11月5日	一白	癸酉	10月4日	三碧	癸卯	9月2日	七赤	壬申	8月2日	一白	壬寅	6月29日	五黄	辛未	5月28日	九紫
10	11月6日	二黒	甲戌	10月5日	二黒	甲辰	9月3日	六白	癸酉	8月3日	九紫	癸卯	7月1日	四緑	壬申	5月29日	八白
11	11月7日	三碧	乙亥	10月6日	一白	乙巳	9月4日	五黄	甲戌	8月4日	八白	甲辰	7月2日	三碧	癸酉	5月30日	七赤
12	11月8日	四緑	丙子	10月7日	九紫	丙午	9月5日	四緑	乙亥	8月5日	七赤	乙巳	7月3日	二黒	甲戌	6月1日	六白
13	11月9日	五黄	丁丑	10月8日	八白	丁未	9月6日	三碧	丙子	8月6日	六白	丙午	7月4日	一白	乙亥	6月2日	五黄
14	11月10日	六白	戊寅	10月9日	七赤	戊申	9月7日	二黒	丁丑	8月7日	五黄	丁未	7月5日	九紫	丙子	6月3日	四緑
15	11月11日	七赤	己卯	10月10日	六白	己酉	9月8日	一白	戊寅	8月8日	四緑	戊申	7月6日	八白	丁丑	6月4日	三碧
16	11月12日	八白	庚辰	10月11日	五黄	庚戌	9月9日	九紫	己卯	8月9日	三碧	己酉	7月7日	七赤	戊寅	6月5日	二黒
17	11月13日	九紫	辛巳	10月12日	四緑	辛亥	9月10日	八白	庚辰	8月10日	二黒	庚戌	7月8日	六白	己卯	6月6日	一白
18	11月14日	一白	壬午	10月13日	三碧	壬子	9月11日	七赤	辛巳	8月11日	一白	辛亥	7月9日	五黄	庚辰	6月7日	九紫
19	11月15日	二黒	癸未	10月14日	二黒	癸丑	9月12日	六白	壬午	8月12日	九紫	壬子	7月10日	四緑	辛巳	6月8日	八白
20	11月16日	三碧	甲申	10月15日	一白	甲寅	9月13日	五黄	癸未	8月13日	八白	癸丑	7月11日	三碧	壬午	6月9日	七赤
21	11月17日	四緑	乙酉	10月16日	九紫	乙卯	9月14日	四緑	甲申	8月14日	七赤	甲寅	7月12日	二黒	癸未	6月10日	六白
22	11月18日	五黄	丙戌	10月17日	八白	丙辰	9月15日	三碧	乙酉	8月15日	六白	乙卯	7月13日	一白	甲申	6月11日	五黄
23	11月19日	六白	丁亥	10月18日	七赤	丁巳	9月16日	二黒	丙戌	8月16日	五黄	丙辰	7月14日	九紫	乙酉	6月12日	四緑
24	11月20日	七赤	戊子	10月19日	六白	戊午	9月17日	一白	丁亥	8月17日	四緑	丁巳	7月15日	八白	丙戌	6月13日	三碧
25	11月21日	八白	己丑	10月20日	五黄	己未	9月18日	九紫	戊子	8月18日	三碧	戊午	7月16日	七赤	丁亥	6月14日	二黒
26	11月22日	九紫	庚寅	10月21日	四緑	庚申	9月19日	八白	己丑	8月19日	二黒	己未	7月17日	六白	戊子	6月15日	一白
27	11月23日	一白	辛卯	10月22日	三碧	辛酉	9月20日	七赤	庚寅	8月20日	一白	庚申	7月18日	五黄	己丑	6月16日	九紫
28	11月24日	二黒	壬辰	10月23日	二黒	壬戌	9月21日	六白	辛卯	8月21日	九紫	辛酉	7月19日	四緑	庚寅	6月17日	八白
29	11月25日	三碧	癸巳	10月24日	一白	癸亥	9月22日	五黄	壬辰	8月22日	八白	壬戌	7月20日	三碧	辛卯	6月18日	七赤
30	11月26日	四緑	甲午	10月25日	一白	甲子	9月23日	四緑	癸巳	8月23日	七赤	癸亥	7月21日	二黒	壬辰	6月19日	六白
31	11月27日	五黄	乙未				9月24日	三碧	甲午				7月22日	一白	癸巳	6月20日	五黄

6月壬午			5月辛巳			4月庚辰			3月己卯			2月戊寅			1月丁丑			
5日 23：43			5日 19：44			5日 02：40			5日 22：03			4日 04：09			5日 16：31			
21日 16：31			21日 08：39			20日 09：42			20日 22：51			19日 00：00			20日 09：55			
一白水星			二黒土星			三碧木星			四緑木星			五黄土星			六白金星			
1日	六白	丁卯	3月29日	九紫	丙申	2月29日	六白	丙寅	1月27日	二黒	乙未	12月29日	一白	丁卯	11月28日	六白	丙申	1
2日	五黄	戊辰	4月1日	一白	丁酉	2月30日	七赤	丁卯	1月28日	三碧	丙申	12月30日	二黒	戊辰	11月29日	七赤	丁酉	2
3日	四緑	己巳	4月2日	二黒	戊戌	3月1日	八白	戊辰	1月29日	四緑	丁酉	1月1日	三碧	己巳	11月30日	八白	戊戌	3
4日	三碧	庚午	4月3日	三碧	己亥	3月2日	九紫	己巳	2月1日	五黄	戊戌	1月2日	四緑	庚午	12月1日	九紫	己亥	4
5日	二黒	辛未	4月4日	四緑	庚子	3月3日	一白	庚午	2月2日	六白	己亥	1月3日	五黄	辛未	12月2日	一白	庚子	5
6日	一白	壬申	4月5日	五黄	辛丑	3月4日	二黒	辛未	2月3日	七赤	庚子	1月4日	六白	壬申	12月3日	二黒	辛丑	6
7日	九紫	癸酉	4月6日	六白	壬寅	3月5日	三碧	壬申	2月4日	八白	辛丑	1月5日	七赤	癸酉	12月4日	三碧	壬寅	7
8日	八白	甲戌	4月7日	七赤	癸卯	3月6日	四緑	癸酉	2月5日	九紫	壬寅	1月6日	八白	甲戌	12月5日	四緑	癸卯	8
9日	七赤	乙亥	4月8日	八白	甲辰	3月7日	五黄	甲戌	2月6日	一白	癸卯	1月7日	九紫	乙亥	12月6日	五黄	甲辰	9
10日	六白	丙子	4月9日	九紫	乙巳	3月8日	六白	乙亥	2月7日	二黒	甲辰	1月8日	一白	丙子	12月7日	六白	乙巳	10
11日	五黄	丁丑	4月10日	一白	丙午	3月9日	七赤	丙子	2月8日	三碧	乙巳	1月9日	二黒	丁丑	12月8日	七赤	丙午	11
12日	四緑	戊寅	4月11日	二黒	丁未	3月10日	八白	丁丑	2月9日	四緑	丙午	1月10日	三碧	戊寅	12月9日	八白	丁未	12
13日	三碧	己卯	4月12日	三碧	戊申	3月11日	九紫	戊寅	2月10日	五黄	丁未	1月11日	四緑	己卯	12月10日	九紫	戊申	13
14日	二黒	庚辰	4月13日	四緑	己酉	3月12日	一白	己卯	2月11日	六白	戊申	1月12日	五黄	庚辰	12月11日	一白	己酉	14
15日	一白	辛巳	4月14日	五黄	庚戌	3月13日	二黒	庚辰	2月12日	七赤	己酉	1月13日	六白	辛巳	12月12日	二黒	庚戌	15
16日	九紫	壬午	4月15日	六白	辛亥	3月14日	三碧	辛巳	2月13日	八白	庚戌	1月14日	七赤	壬午	12月13日	三碧	辛亥	16
17日	八白	癸未	4月16日	七赤	壬子	3月15日	四緑	壬午	2月14日	九紫	辛亥	1月15日	八白	癸未	12月14日	四緑	壬子	17
18日	七赤	甲申	4月17日	八白	癸丑	3月16日	五黄	癸未	2月15日	一白	壬子	1月16日	九紫	甲申	12月15日	五黄	癸丑	18
19日	六白	乙酉	4月18日	九紫	甲寅	3月17日	六白	甲申	2月16日	二黒	癸丑	1月17日	一白	乙酉	12月16日	六白	甲寅	19
20日	五黄	丙戌	4月19日	一白	乙卯	3月18日	七赤	乙酉	2月17日	三碧	甲寅	1月18日	二黒	丙戌	12月17日	七赤	乙卯	20
21日	四緑	丁亥	4月20日	二黒	丙辰	3月19日	八白	丙戌	2月18日	四緑	乙卯	1月19日	三碧	丁亥	12月18日	八白	丙辰	21
22日	三碧	戊子	4月21日	三碧	丁巳	3月20日	九紫	丁亥	2月19日	五黄	丙辰	1月20日	四緑	戊子	12月19日	九紫	丁巳	22
23日	二黒	己丑	4月22日	四緑	戊午	3月21日	一白	戊子	2月20日	六白	丁巳	1月21日	五黄	己丑	12月20日	一白	戊午	23
24日	一白	庚寅	4月23日	五黄	己未	3月22日	二黒	己丑	2月21日	七赤	戊午	1月22日	六白	庚寅	12月21日	二黒	己未	24
25日	九紫	辛卯	4月24日	六白	庚申	3月23日	三碧	庚寅	2月22日	八白	己未	1月23日	七赤	辛卯	12月22日	三碧	庚申	25
26日	八白	壬辰	4月25日	七赤	辛酉	3月24日	四緑	辛卯	2月23日	九紫	庚申	1月24日	八白	壬辰	12月23日	四緑	辛酉	26
27日	七赤	癸巳	4月26日	八白	壬戌	3月25日	五黄	壬辰	2月24日	一白	辛酉	1月25日	九紫	癸巳	12月24日	五黄	壬戌	27
28日	六白	甲午	4月27日	九紫	癸亥	3月26日	六白	癸巳	2月25日	二黒	壬戌	1月26日	一白	甲午	12月25日	六白	癸亥	28
29日	五黄	乙未	4月28日	九紫	甲子	3月27日	七赤	甲午	2月26日	三碧	癸亥				12月26日	七赤	甲子	29
30日	四緑	丙申	4月29日	八白	乙丑	3月28日	八白	乙未	2月27日	四緑	甲子				12月27日	八白	乙丑	30
			4月30日	七赤	丙寅				2月28日	五黄	乙丑				12月28日	九紫	丙寅	31

令和12年　2030年　庚戌年　六白金星

	12月戊子			11月丁亥			10月丙戌			9月乙酉			8月甲申			7月癸未	
	7日 11：07			7日 18：07			8日 14：44			7日 22：52			7日 19：48			7日 09：55	
	22日 05：10			22日 15：44			23日 17：59			23日 08：26			23日 10：36			23日 03：2	
	四緑木星			五黄土星			六白金星			七赤金星			八白土星			九紫火星	
1	11月7日	七赤	庚午	10月6日	六白	庚子	9月5日	一白	己巳	8月4日	四緑	己亥	7月3日	八白	戊辰	6月1日	三碧
2	11月8日	八白	辛未	10月7日	五黄	辛丑	9月6日	九紫	庚午	8月5日	三碧	庚子	7月4日	七赤	己巳	6月2日	二黒
3	11月9日	九紫	壬申	10月8日	四緑	壬寅	9月7日	八白	辛未	8月6日	二黒	辛丑	7月5日	六白	庚午	6月3日	一白
4	11月10日	一白	癸酉	10月9日	三碧	癸卯	9月8日	七赤	壬申	8月7日	一白	壬寅	7月6日	五黄	辛未	6月4日	九紫
5	11月11日	二黒	甲戌	10月10日	二黒	甲辰	9月9日	六白	癸酉	8月8日	九紫	癸卯	7月7日	四緑	壬申	6月5日	八白
6	11月12日	三碧	乙亥	10月11日	一白	乙巳	9月10日	五黄	甲戌	8月9日	八白	甲辰	7月8日	三碧	癸酉	6月6日	七赤
7	11月13日	四緑	丙子	10月12日	九紫	丙午	9月11日	四緑	乙亥	8月10日	七赤	乙巳	7月9日	二黒	甲戌	6月7日	六白
8	11月14日	五黄	丁丑	10月13日	八白	丁未	9月12日	三碧	丙子	8月11日	六白	丙午	7月10日	一白	乙亥	6月8日	五黄
9	11月15日	六白	戊寅	10月14日	七赤	戊申	9月13日	二黒	丁丑	8月12日	五黄	丁未	7月11日	九紫	丙子	6月9日	四緑
10	11月16日	七赤	己卯	10月15日	六白	己酉	9月14日	一白	戊寅	8月13日	四緑	戊申	7月12日	八白	丁丑	6月10日	三碧
11	11月17日	八白	庚辰	10月16日	五黄	庚戌	9月15日	九紫	己卯	8月14日	三碧	己酉	7月13日	七赤	戊寅	6月11日	二黒
12	11月18日	九紫	辛巳	10月17日	四緑	辛亥	9月16日	八白	庚辰	8月15日	二黒	庚戌	7月14日	六白	己卯	6月12日	一白
13	11月19日	一白	壬午	10月18日	三碧	壬子	9月17日	七赤	辛巳	8月16日	一白	辛亥	7月15日	五黄	庚辰	6月13日	九紫
14	11月20日	二黒	癸未	10月19日	二黒	癸丑	9月18日	六白	壬午	8月17日	九紫	壬子	7月16日	四緑	辛巳	6月14日	八白
15	11月21日	三碧	甲申	10月20日	一白	甲寅	9月19日	五黄	癸未	8月18日	八白	癸丑	7月17日	三碧	壬午	6月15日	七赤
16	11月22日	四緑	乙酉	10月21日	九紫	乙卯	9月20日	四緑	甲申	8月19日	七赤	甲寅	7月18日	二黒	癸未	6月16日	六白
17	11月23日	五黄	丙戌	10月22日	八白	丙辰	9月21日	三碧	乙酉	8月20日	六白	乙卯	7月19日	一白	甲申	6月17日	五黄
18	11月24日	六白	丁亥	10月23日	七赤	丁巳	9月22日	二黒	丙戌	8月21日	五黄	丙辰	7月20日	九紫	乙酉	6月18日	四緑
19	11月25日	七赤	戊子	10月24日	六白	戊午	9月23日	一白	丁亥	8月22日	四緑	丁巳	7月21日	八白	丙戌	6月19日	三碧
20	11月26日	八白	己丑	10月25日	五黄	己未	9月24日	九紫	戊子	8月23日	三碧	戊午	7月22日	七赤	丁亥	6月20日	二黒
21	11月27日	九紫	庚寅	10月26日	四緑	庚申	9月25日	八白	己丑	8月24日	二黒	己未	7月23日	六白	戊子	6月21日	一白
22	11月28日	一白	辛卯	10月27日	三碧	辛酉	9月26日	七赤	庚寅	8月25日	一白	庚申	7月24日	五黄	己丑	6月22日	九紫
23	11月29日	二黒	壬辰	10月28日	二黒	壬戌	9月27日	六白	辛卯	8月26日	九紫	辛酉	7月25日	四緑	庚寅	6月23日	八白
24	11月30日	三碧	癸巳	10月29日	一白	癸亥	9月28日	五黄	壬辰	8月27日	八白	壬戌	7月26日	三碧	辛卯	6月24日	七赤
25	12月1日	四緑	甲午	11月1日	一白	甲子	9月29日	四緑	癸巳	8月28日	七赤	癸亥	7月27日	二黒	壬辰	6月25日	六白
26	12月2日	五黄	乙未	11月2日	二黒	乙丑	9月30日	三碧	甲午	8月29日	六白	甲子	7月28日	一白	癸巳	6月26日	五黄
27	12月3日	六白	丙申	11月3日	三碧	丙寅	10月1日	二黒	乙未	9月1日	五黄	乙丑	7月29日	九紫	甲午	6月27日	四緑
28	12月4日	七赤	丁酉	11月4日	四緑	丁卯	10月2日	一白	丙申	9月2日	四緑	丙寅	7月30日	八白	乙未	6月28日	三碧
29	12月5日	八白	戊戌	11月5日	五黄	戊辰	10月3日	九紫	丁酉	9月3日	三碧	丁卯	8月1日	七赤	丙申	6月29日	二黒
30	12月6日	九紫	己亥	11月6日	六白	己巳	10月4日	八白	戊戌	9月4日	二黒	戊辰	8月2日	六白	丁酉	7月1日	一白
31	12月7日	一白	庚子				10月5日	七赤	己亥				8月3日	五黄	戊戌	7月2日	九紫

6月甲午			5月癸巳			4月壬辰			3月辛卯			2月庚寅			1月己丑			
6日 05：35			6日 01：33			5日 08：27			6日 03：50			4日 09：59			5日 22：23			
21日 22：17			21日 14：27			20日 15：29			21日 04：40			19日 05：51			20日 15：48			
七赤金星			八白土星			九紫火星			一白水星			二黒土星			三碧木星			
12日	九紫	壬申	閏3月10日	五黄	辛丑	3月10日	二黒	辛未	2月8日	七赤	庚子	1月10日	六白	壬申	12月8日	二黒	辛丑	1
13日	一白	癸酉	閏3月11日	六白	壬寅	3月11日	三碧	壬申	2月9日	八白	辛丑	1月11日	七赤	癸酉	12月9日	三碧	壬寅	2
14日	二黒	甲戌	閏3月12日	七赤	癸卯	3月12日	四緑	癸酉	2月10日	九紫	壬寅	1月12日	八白	甲戌	12月10日	四緑	癸卯	3
15日	三碧	乙亥	閏3月13日	八白	甲辰	3月13日	五黄	甲戌	2月11日	一白	癸卯	1月13日	九紫	乙亥	12月11日	五黄	甲辰	4
16日	四緑	丙子	閏3月14日	九紫	乙巳	3月14日	六白	乙亥	2月12日	二黒	甲辰	1月14日	一白	丙子	12月12日	六白	乙巳	5
17日	五黄	丁丑	閏3月15日	一白	丙午	3月15日	七赤	丙子	2月13日	三碧	乙巳	1月15日	二黒	丁丑	12月13日	七赤	丙午	6
18日	六白	戊寅	閏3月16日	二黒	丁未	3月16日	八白	丁丑	2月14日	四緑	丙午	1月16日	三碧	戊寅	12月14日	八白	丁未	7
19日	七赤	己卯	閏3月17日	三碧	戊申	3月17日	九紫	戊寅	2月15日	五黄	丁未	1月17日	四緑	己卯	12月15日	九紫	戊申	8
20日	八白	庚辰	閏3月18日	四緑	己酉	3月18日	一白	己卯	2月16日	六白	戊申	1月18日	五黄	庚辰	12月16日	一白	己酉	9
21日	九紫	辛巳	閏3月19日	五黄	庚戌	3月19日	二黒	庚辰	2月17日	七赤	己酉	1月19日	六白	辛巳	12月17日	二黒	庚戌	10
22日	一白	壬午	閏3月20日	六白	辛亥	3月20日	三碧	辛巳	2月18日	八白	庚戌	1月20日	七赤	壬午	12月18日	三碧	辛亥	11
23日	二黒	癸未	閏3月21日	七赤	壬子	3月21日	四緑	壬午	2月19日	九紫	辛亥	1月21日	八白	癸未	12月19日	四緑	壬子	12
24日	三碧	甲申	閏3月22日	八白	癸丑	3月22日	五黄	癸未	2月20日	一白	壬子	1月22日	九紫	甲申	12月20日	五黄	癸丑	13
25日	四緑	乙酉	閏3月23日	九紫	甲寅	3月23日	六白	甲申	2月21日	二黒	癸丑	1月23日	一白	乙酉	12月21日	六白	甲寅	14
26日	五黄	丙戌	閏3月24日	一白	乙卯	3月24日	七赤	乙酉	2月22日	三碧	甲寅	1月24日	二黒	丙戌	12月22日	七赤	乙卯	15
27日	六白	丁亥	閏3月25日	二黒	丙辰	3月25日	八白	丙戌	2月23日	四緑	乙卯	1月25日	三碧	丁亥	12月23日	八白	丙辰	16
28日	七赤	戊子	閏3月26日	三碧	丁巳	3月26日	九紫	丁亥	2月24日	五黄	丙辰	1月26日	四緑	戊子	12月24日	九紫	丁巳	17
29日	八白	己丑	閏3月27日	四緑	戊午	3月27日	一白	戊子	2月25日	六白	丁巳	1月27日	五黄	己丑	12月25日	一白	戊午	18
30日	九紫	庚寅	閏3月28日	五黄	己未	3月28日	二黒	己丑	2月26日	七赤	戊午	1月28日	六白	庚寅	12月26日	二黒	己未	19
1日	一白	辛卯	閏3月29日	六白	庚申	3月29日	三碧	庚寅	2月27日	八白	己未	1月29日	七赤	辛卯	12月27日	三碧	庚申	20
2日	二黒	壬辰	4月1日	七赤	辛酉	3月30日	四緑	辛卯	2月28日	九紫	庚申	1月30日	八白	壬辰	12月28日	四緑	辛酉	21
3日	三碧	癸巳	4月2日	八白	壬戌	閏3月1日	五黄	壬辰	2月29日	一白	辛酉	2月1日	九紫	癸巳	12月29日	五黄	壬戌	22
4日	三碧	甲午	4月3日	九紫	癸亥	閏3月2日	六白	癸巳	3月1日	二黒	壬戌	2月2日	一白	甲午	1月1日	六白	癸亥	23
5日	二黒	乙未	4月4日	一白	甲子	閏3月3日	七赤	甲午	3月2日	三碧	癸亥	2月3日	二黒	乙未	1月2日	七赤	甲子	24
6日	一白	丙申	4月5日	二黒	乙丑	閏3月4日	八白	乙未	3月3日	四緑	甲子	2月4日	三碧	丙申	1月3日	八白	乙丑	25
7日	九紫	丁酉	4月6日	三碧	丙寅	閏3月5日	九紫	丙申	3月4日	五黄	乙丑	2月5日	四緑	丁酉	1月4日	九紫	丙寅	26
8日	八白	戊戌	4月7日	四緑	丁卯	閏3月6日	一白	丁酉	3月5日	六白	丙寅	2月6日	五黄	戊戌	1月5日	一白	丁卯	27
9日	七赤	己亥	4月8日	五黄	戊辰	閏3月7日	二黒	戊戌	3月6日	七赤	丁卯	2月7日	六白	己亥	1月6日	二黒	戊辰	28
10日	六白	庚子	4月9日	六白	己巳	閏3月8日	三碧	己亥	3月7日	八白	戊辰				1月7日	三碧	己巳	29
11日	五黄	辛丑	4月10日	七赤	庚午	閏3月9日	四緑	庚子	3月8日	九紫	己巳				1月8日	四緑	庚午	30
			4月11日	八白	辛未				3月9日	一白	庚午				1月9日	五黄	辛未	31

令和13年　2031年　辛亥年　五黄土星

	12月庚子			11月己亥			10月戊戌			9月丁酉			8月丙申			7月乙未	
	7日 17：03			8日 00：05			8日 20：42			8日 04：49			8日 01：43			7日 15：4	
	22日 10：56			22日 21：32			23日 23：48			23日 14：14			23日 16：23			23日 09：1	
	一白水星			二黒土星			三碧木星			四緑木星			五黄土星			六白金星	
1	10月17日	四緑	乙亥	9月17日	七赤	乙巳	8月15日	二黒	甲戌	7月15日	五黄	甲辰	6月14日	九紫	癸酉	5月12日	四緑
2	10月18日	三碧	丙子	9月18日	六白	丙午	8月16日	一白	乙亥	7月16日	四緑	乙巳	6月15日	八白	甲戌	5月13日	三碧
3	10月19日	二黒	丁丑	9月19日	五黄	丁未	8月17日	九紫	丙子	7月17日	三碧	丙午	6月16日	七赤	乙亥	5月14日	二黒
4	10月20日	一白	戊寅	9月20日	四緑	戊申	8月18日	八白	丁丑	7月18日	二黒	丁未	6月17日	六白	丙子	5月15日	一白
5	10月21日	九紫	己卯	9月21日	三碧	己酉	8月19日	七赤	戊寅	7月19日	一白	戊申	6月18日	五黄	丁丑	5月16日	九紫
6	10月22日	八白	庚辰	9月22日	二黒	庚戌	8月20日	六白	己卯	7月20日	九紫	己酉	6月19日	四緑	戊寅	5月17日	八白
7	10月23日	七赤	辛巳	9月23日	一白	辛亥	8月21日	五黄	庚辰	7月21日	八白	庚戌	6月20日	三碧	己卯	5月18日	七赤
8	10月24日	六白	壬午	9月24日	九紫	壬子	8月22日	四緑	辛巳	7月22日	七赤	辛亥	6月21日	二黒	庚辰	5月19日	六白
9	10月25日	五黄	癸未	9月25日	八白	癸丑	8月23日	三碧	壬午	7月23日	六白	壬子	6月22日	一白	辛巳	5月20日	五黄
10	10月26日	四緑	甲申	9月26日	七赤	甲寅	8月24日	二黒	癸未	7月24日	五黄	癸丑	6月23日	九紫	壬午	5月21日	四緑
11	10月27日	三碧	乙酉	9月27日	六白	乙卯	8月25日	一白	甲申	7月25日	四緑	甲寅	6月24日	八白	癸未	5月22日	三碧
12	10月28日	二黒	丙戌	9月28日	五黄	丙辰	8月26日	九紫	乙酉	7月26日	三碧	乙卯	6月25日	七赤	甲申	5月23日	二黒
13	10月29日	一白	丁亥	9月29日	四緑	丁巳	8月27日	八白	丙戌	7月27日	二黒	丙辰	6月26日	六白	乙酉	5月24日	一白
14	11月1日	九紫	戊子	9月30日	三碧	戊午	8月28日	七赤	丁亥	7月28日	一白	丁巳	6月27日	五黄	丙戌	5月25日	九紫
15	11月2日	八白	己丑	10月1日	二黒	己未	8月29日	六白	戊子	7月29日	九紫	戊午	6月28日	四緑	丁亥	5月26日	八白
16	11月3日	七赤	庚寅	10月2日	一白	庚申	9月1日	五黄	己丑	7月30日	八白	己未	6月29日	三碧	戊子	5月27日	七赤
17	11月4日	六白	辛卯	10月3日	九紫	辛酉	9月2日	四緑	庚寅	8月1日	七赤	庚申	6月30日	二黒	己丑	5月28日	六白
18	11月5日	五黄	壬辰	10月4日	八白	壬戌	9月3日	三碧	辛卯	8月2日	六白	辛酉	7月1日	一白	庚寅	5月29日	五黄
19	11月6日	四緑	癸巳	10月5日	七赤	癸亥	9月4日	二黒	壬辰	8月3日	五黄	壬戌	7月2日	九紫	辛卯	6月1日	四緑
20	11月7日	三碧	甲午	10月6日	六白	甲子	9月5日	一白	癸巳	8月4日	四緑	癸亥	7月3日	八白	壬辰	6月2日	三碧
21	11月8日	二黒	乙未	10月7日	五黄	乙丑	9月6日	九紫	甲午	8月5日	三碧	甲子	7月4日	七赤	癸巳	6月3日	二黒
22	11月9日	一白	丙申	10月8日	四緑	丙寅	9月7日	八白	乙未	8月6日	二黒	乙丑	7月5日	六白	甲午	6月4日	一白
23	11月10日	九紫	丁酉	10月9日	三碧	丁卯	9月8日	七赤	丙申	8月7日	一白	丙寅	7月6日	五黄	乙未	6月5日	九紫
24	11月11日	八白	戊戌	10月10日	二黒	戊辰	9月9日	六白	丁酉	8月8日	九紫	丁卯	7月7日	四緑	丙申	6月6日	八白
25	11月12日	七赤	己亥	10月11日	一白	己巳	9月10日	五黄	戊戌	8月9日	八白	戊辰	7月8日	三碧	丁酉	6月7日	七赤
26	11月13日	六白	庚子	10月12日	九紫	庚午	9月11日	四緑	己亥	8月10日	七赤	己巳	7月9日	二黒	戊戌	6月8日	六白
27	11月14日	五黄	辛丑	10月13日	八白	辛未	9月12日	三碧	庚子	8月11日	六白	庚午	7月10日	一白	己亥	6月9日	五黄
28	11月15日	四緑	壬寅	10月14日	七赤	壬申	9月13日	二黒	辛丑	8月12日	五黄	辛未	7月11日	九紫	庚子	6月10日	四緑
29	11月16日	三碧	癸卯	10月15日	六白	癸酉	9月14日	一白	壬寅	8月13日	四緑	壬申	7月12日	八白	辛丑	6月11日	三碧
30	11月17日	二黒	甲辰	10月16日	五黄	甲戌	9月15日	九紫	癸卯	8月14日	三碧	癸酉	7月13日	七赤	壬寅	6月12日	二黒
31	11月18日	一白	乙巳				9月16日	八白	甲辰				7月14日	六白	癸卯	6月13日	一白

著者紹介

東海林 秀樹（しょうじ ひでき）

昭和32年（1957）東京の赤坂に生まれる。
母の経営する料理店を手伝いながら、人の運命の不思議さに引かれて運命学の研究に入る。阿部泰山先生高弟、伊藤泰苑先生に推命学、九星気学を岸本邦裕先生、気学傾斜鑑定法を富久純光先生、九星日盤鑑定法を斎藤擁道先生より指導を受ける。その他の占術を研鑽しながら、台湾と日本の間を幾度となく往来し、貴重な資料を渉猟。
著書『紫微斗数占法要義』『精解吉象万年暦　共著』『孔明神卦　共著』『六壬神課占法要義』『断易新義 共著』『符呪奇門遁甲占法要義』（東洋書院刊）ほか多数。
現在、占い鑑定及び個人教授『占星堂』を営む。
「日本易道学校」講師　東京都新宿区百人町１－11－7
〒156－0044
現住所　東京都世田谷区赤堤５－２４－９（電話 03－5300－7073）
ホームページ：「三毛猫占術学園」（http://www.mikeneko-uranai.com/）

浜田 優子（はまだ ゆうこ）

タロットをきっかけに占いの奥深さを知り、占いの世界へ。
東洋占においては東海林秀樹先生の門をたたき、現在も奇門遁甲、四柱推命、六壬神課、断易、西洋占星術、紫微斗数など幅広く東西の占術を研究し、鑑定を行っている。
著書や講座では高度な占術をわかりやすく伝えるのをモットーとしている。
「新釈マルセイユタロット詳解」（東洋書院）
「タロットカードレッスン」「開運占いレッスン」(株式会社フェリシモ）
「開運九星気学入門」（フリースペース）
「すべてのカードで占う一番やさしいタロット」「今日からはじめるタロット占い」（日本文芸社）等。
http://tarot-uranai.sakura.ne.jp/RollingCat/

久高 悠照（くだか ゆうしょう）
1978年生まれ。
神奈川県川崎市出身。
放送大学教養学部人間と文化コース卒業。
1998年、天台寺門宗　金翅鳥院住職羽田守快師に師事し七年間の修行をする。
その後天台寺門宗総本山三井寺に奉職し現在に至る。
現在ココナラにて六壬を中心にメール鑑定を行っている。

六壬神課精義

２０２２年４月15日　初刷発行
定　価――本体２、７００円＋税
共　著――東海林秀樹
　　　　　浜田　優子
　　　　　久高　悠照
発行者――斎藤　勝己
発行所――株式会社東洋書院
〒１６０―０００３ 東京都新宿区本塩町15―８―８Ｆ
電　話　０３―３３５３―７５７９
ＦＡＸ　０３―３３５８―７４５８
http://www.toyoshoin.com
印刷・製本――モリモト印刷株式会社

ISBN978―4―88594―552―6